MICHAEL HLATKY (Hg.)
JÄGERLATEIN!?

Michael Hlatky (Hg.)

JÄGERLATEIN!?

Die besten Geschichten

Leopold Stocker Verlag

Graz – Stuttgart

Umschlagkonzeption: Atelier Geyer, Graz
Umschlaggestaltung: Thomas Hofer, Reproteam-Druck GmbH., Graz
Titelbild: Manfred Danegger, Owingen – Billafingen

Die Deutsche Bibliothek – CIP-Einheitsaufnahme

Jägerlatein!? : die besten Geschichten / Michael Hlatky (Hg.). – Graz; Stuttgart:
Stocker, 2001
  ISBN 3-7020-0907-8

ISBN 3-7020-0907-8
Printed in Austria
Textverarbeitung: Klaudia Aschbacher, A-8101 Gratkorn
Druck und Bindung: Wiener Verlag, Himberg bei Wien

Inhaltsverzeichnis

Vorwort

Jägerlatein, gemeinhin eine Bezeichnung für unglaubwürdige Geschichten, die vorwiegend am Wirtshausstammtisch in feucht-fröhlicher Runde Gleichgesinnter erzählt werden. Die Trophäen des meist nicht erlegten Wildes werden zu kapitalen, einzigartigen, aber leider nicht immer vorzeigbaren Beweisstücken hochstilisiert und prägen damit den Ruf des Weidmanns als großen Lügner vor dem Herren.

Aber gibt es nicht doch viele Begebenheiten bei der Jagd, die unerklärlich, kurios und völlig unglaubwürdig sind? Die zumeist auch nicht weitererzählt und niedergeschrieben werden, um nicht als Großmaul, Angeber oder Erfinder von Jägerlatein hingestellt zu werden?

Die Idee zu diesem Jagdbuch kam mir nach einem dieser unglaubwürdigen Ereignisse, welche die Jagd so interessant machen und die man ohne honorige Zeugen nie weitererzählen würde. Nach einem erfolgreichen Ansitz auf einen interessanten abnormen Rehbock stapfte ich tiefbewegt hinter dem Jagdherrn, der den erlegten Bock an den Rand der Wiese zog, durch das hüfthohe Gras her. Plötzlich trat ich mit dem Bergschuh gegen etwas Weiches und sah auch schon das dort abgelegte Rehkitz, über das wenige Augenblicke zuvor der vor mir gehende Jäger gestiegen war und der erlegte Bock, möglicherweise sein Vater, gezogen wurde. Wenn ich nicht einen Zeugen für diesen Vorfall nennen könnte, würde ich mich mit dieser Erzählung sicherlich der Gefahr aussetzen, Jägerlatein zu erzählen. Vielen Jägern geht es so, und ich bin sicher, daß die Mehrzahl dieser Begebenheiten nicht schriftlich aufgezeichnet wurde, um sich nicht dem Vorwurf des Verbreitens von Jägerlatein auszusetzen.

Nach meinen drei Auswahlbänden „Weidmannsheil", „Das große Hirschbuch" und „Der rote Bock" habe ich mir diesmal die Aufgabe gestellt, in der Jagdliteratur nach diesen raren Zeugnissen – landläufig als Jägerlatein bezeichnet – zu suchen und diese als Auswahlband zu veröffentlichen. Dabei habe ich mich bemüht, nur solche Erzählungen aufzunehmen, die einigermaßen nachvollziehbar waren oder bei denen der Autor kraft seines Namens für die Richtigkeit der Geschehnisse steht, wobei auch mir gewisse Begebenheiten als echtes „Jägerlatein" erschienen sind.

Wie in meinen anderen Jagdauswahlbänden auch, habe ich, um keine Bevorzugung von einzelnen Autoren vorzunehmen, wieder eine strenge alphabetische Gliederung eingehalten.

Mein besonderer Dank gilt wieder dem Leopold Stocker Verlag, der es mir ermöglichte, dieses Buch zu veröffentlichen.

Herbst 2000   *Michael Hlatky*

Rita d'Aron

Mein allerletzter Bock

Ich finde, daß ein pflichtbewußter Weidmann zur Bockschußzeit ständig bereit sein muß. Aber mein Gatte, der passionierteste Jäger, den ich kenne, war Ende Juni, Anfang Juli nicht erreichbar. Sein Jagdaufseher, ein begeisterter Heger, der sein Wild genau kennt, bei Morgengrauen und Abenddämmerung im Revier ist – darob seine Gattin seit Jahren schimpft –, Katzen, Hunde, Raubzeug und dergleichen brav aus dem Revier verbannt, von Nebenberuf aufrechter Angehöriger der österreichischen Bundespolizei ist, hat bereits dreimal den ganz kapitalen „alten Vetter", den Traumbock des Gebietes, ausgemacht. Verzweifelt, weil mein braver Mann nicht erreichbar ist, verlangt er nun kategorisch von mir den Abschuß, denn wer weiß, ob der „alte Vetter" je wiederkommt. Nach langem Hin und Her überredet er mich; so sage ich zu, innerhalb der nächsten Stunde im Revier einzutreffen.

Mir als Frau ist nicht ganz wohl zumute, denn bei den Jägersleuten hat sich die Gleichberechtigung noch nicht richtig herumgesprochen; und wenn nun gerade ich den „Kapitalen" erlege, was dann? Bisher waren meine immer nur Abschußknöpfler und Abschußspießer, einmal, aber nur durch einen reinen Irrtum, war's ein „Achter".

Ich richte also rasch alles Nötige zusammen, nehme mein ledernes Dreifußsitzerl und rase ins Revier. Es ist ein wunderschöner Abend, kein Lüfterl regt sich, alles ist so ruhig. Nur der Jagdaufseher ist nervös bis in die Fingerspitzen. Er verfrachtet mich sofort in seinen VW (jagdgrün lackiert – wie könnte es anders sein?) und bringt mich rasch, rasch zum Wechsel des „alten Vetters".

„So einen Kapitalen hat das Revier noch nie gehabt, der ist sicher aus den Auen nur für kurze Zeit hier, er muß heute fallen!"

Beim Rain von zwei Kornfeldern – eines mit bereits hochstehender Wintersaat, das andere noch nieder – setzt er mich ab, drückt mir einen vielverzweigten, selbstgefertigten Stock zum Anstreichen in die Hand, schickt mich zirka 200 Meter in den Rain hinein, dort, wo eine Mulde ist, wo der Bock schon dreimal gekommen ist, wünscht mir ein kräftiges Weidmannsheil und versichert mir, daß er vom nahegelegenen Hochstand alles beobachten wird.

Also das ist mir nun gar nicht recht. Jetzt, unter seinen Augen, ist es ganz unmöglich, den Bock zu pardonieren und nachher zu sagen, er sei gar nicht gekommen.

Bei Treibjagden gehe ich meist neben weichherzigen Schützen einher, die, wenn wir einen Hasen auf Schrittweite in der Sasse liegen sehen, meine Bitte, nicht zu schießen, gerne respektieren und einfach weitergehen.

Aber jetzt? Vielleicht kommt er eh nicht. Mit diesen Gedanken marschiere ich zur Mulde. Dort richte ich mich her, setze mich einen Schritt zurück ins hohe Getreide, tarne mich ausreichend mit Kornbüscheln, ramme den Stock vor mir in die Erde, mache Probeauflagen mit dem Gewehr – also theoretisch funktioniert nun alles bestens.

Ich warte. Die völlige Ruhe tut mir gut, ich fühle mich wohl. Durch jahrelanges Training als Hochsitzmit- und -beisitzerin bin ich in der Lage, total unbeweglich wie ein Denkmal auszuharren.

Die Sonne geht blutrot unter, es rührt sich nichts. Da spüre ich rein körperlich, daß etwas in meiner Nähe ist. Ohne den Kopf zu drehen, blicke ich nach rechts. Da steht etwa drei Meter von mir entfernt eine wunderhübsche Schmalgais. Ich denke gerade: Also wenn ich der Bock wäre, die würde mir gefallen – da ist auch schon der „alte Vetter" da! Ich muß schon sagen: So einen Kapitalen hat dieses Revier wirklich noch nicht gesehen! Die beiden sind so sehr miteinander beschäftigt, sie zupfen da und dort ein paar Leckerbissen – mich bemerken sie nicht. Im Zeitlupentempo und mit vielen Unterbrechungen schiebe ich meine Büchse hoch – nie hätte ich geglaubt, daß das so anstrengend ist. Ich bin schweißgebadet, als ich endlich durchs Zielfernrohr blicken kann. Aber was sehe ich? Riesengroß vergrößerte Haare des Bockes! Ganz langsam versuche ich unter diesen vielen Haaren das Blatt zu finden. Wissen Sie, wie schwer das ist? Ich versuche es unter dem Zielfernrohr hindurch über Kimme und Korn. Die beiden sind selig, äugen sich tief in die Lichter und bemerken mich nicht. Meine Knie beginnen zu zittern, das Gewand klebt klatschnaß an mir – der Jagdaufseher schaut mir zu –, da muß ich wohl. Also einatmen, nicht atmen, jetzt!

Da rutsche ich vom Stockerl, falle rücklings ins Feld, der Schuß geht senkrecht in den Himmel. Ich rapple mich auf, die beiden Jungverliebten verhoffen nach einigen Fluchten – sie werden mich doch nicht auslachen? –, knie mich ins Feld, lade nach, lege wieder an. Einatmen, nicht atmen, jetzt!!

Ja, jetzt habe ich eine Ladehemmung! Verflucht, Patrone heraus, eine andere hinein, ich bin bereits voller Erde, es staubt nur so um mich herum.

Das halten die beiden nun doch nicht mehr aus, und weg sind sie. Auf Nimmerwiedersehen.

Das Unangenehme ist nur, daß ich bei all diesem Geschehen einen sachkundigen Zeugen habe.

Ich brauche eine gute Weile, bis ich mich erfange. Inzwischen kommt der Jagdaufseher mit todernstem Gesicht. So muß er aussehen, wenn er einen Verbrecher verhaftet.

„Hab' ich Ihnen nicht gesagt, daß der Bock von rechts oder auch von links kommen kann? Da müssen Sie sich doch schräg zum Rain setzen und nicht gerade, das ist doch nur gut zum Fotografieren, aber nicht, um nach allen Seiten hin zielen zu können. Na klar sind Sie vom Stockerl gerutscht!"

Geneigter Leser: Jetzt wissen Sie genau, wie Sie schußrichtig sitzen müssen. Luftanhalten allein genügt nicht.

Rita d'Aron, geb. 1925. Schon als Kind war sie humorvoll, optimistisch, kameradschaftlich – Eigenschaften, die ihr dann später geholfen haben, die schweren Kriegszeiten zu überstehen, ohne ihre positive Lebenseinstellung zu verlieren. Bald nach ihrer Graduierung zum Diplomkaufmann ehelichte sie einen jungen Staatsbeamten. Ihre hausfraulichen Pflichten konnten sie nicht davon abhalten, ihr Studium bis zur Promotion zum Dr. rer. oec. fortzuführen.

Doch dem nicht genug – die junge Doktorin wollte auch noch ein Handwerk erlernen. Da sie aus einer alten Wiener Fleischhauerfamilie stammt, war es ihr Bestreben, Fleischermeisterin zu werden. Selbstredend wurde das Vorhaben auch konsequent durchgeführt.

Trotz aller beruflichen, hausfraulichen und sportlichen Tätigkeiten begleitete sie ihren von der Jagdleidenschaft geplagten „Herrn und Gebieter" auf seinen Jagdreisen in alle Welt.

Wolfgang Freiherr von Beck

Pardon, ich bin ein Jäger

Es war in einem jener Jahre nach dem Ende des Zweiten Weltkrieges, als man noch froh war, selbst davongekommen zu sein, und dankbar, daß Heimat und Wildbahn gerettet werden konnten.

Ein schöner Frühling war ins Land gezogen, in den Bergen balzten die Hahnen. Der eine Jäger organisierte sich – was damals noch schwierig war – ein Gewehr oder sogar eine Armbrust. Er wollte wieder schießen, das war für ihn die Hauptsache. Der andere Jäger ging hinaus und genoß das Leben, seines und das des balzenden Urhahns, und war dankbar und voll seliger Freude. Ich darf von mir behaupten, daß ich zur zweiten Gruppe gehörte: Aber nicht erst seit dem Ende jenes schrecklichen Krieges, sondern schon, seitdem ich viele Jahre früher mit eigenen Augen sah, daß Auerwild und Birkwild überall bei uns abnahmen, trotzdem aber – welch ein unverzeihlicher, bis heute nicht abgestellter Widersinn – unter dem schlechten Beispiel des Staates wie Ware zum „Abschuß" feilgeboten und auch munter verkauft wurden. Seither habe ich keinem Hahn mehr eine „Feder gekrümmt", dafür aber kaum einen Frühling versäumt, in dem ich nicht hinaufging, um die Wunder der Hahnenbalz zu erleben. Andere, es sind die von der ersten Gruppe, feiern noch in der zweiten Hälfte des 20. Jahrhunderts den fünfzigsten oder gar hundertsten Auerhahn, den sie bei dem so eindrucksvollen Versuch, das Aussterben seiner Art hinauszuzögern, totgeschossen haben – und schieben dann in gewählten Worten die Schuld auf den Adler und andere böse Missetäter in der freien Natur.

Mir war es Glück genug, in einer Aprilnacht dieser ernsten, aber wegen der noch herrschenden Armut und Bescheidenheit auch unvergeßlich schönen Zeit die Leica in den Rucksack zu stecken, mich aufs Fahrrad zu schwingen und mir irgendwo einen Großen Hahn zu suchen. Ihn selbst zu suchen und zu finden, auf einem Berg, von dem du vielleicht gar nicht weißt, ob er einen beherbergt, das allein gehört schon zu den auserlesenen Freuden. Einen von anderen verhörten, bestätigten, ausgemachten, „angebundenen" und vorher im Preis festgesetzten Hahn vom Baum zu schießen – Diana, verhülle dein Haupt!

Der Hardl, ein alter Bauernjäger, meinte schon, am Beißenberg droben, jawohl, es ist der gleiche, auf dem der Wildschütz Jennerwein vor bald hundert Jahren seine geschwärzte Seele aushauchte, habe es immer den einen oder anderen Auerhahn gegeben. Seinetwegen zu nachtschlafender Zeit aus den Federn zu springen, das war nie seine Sache. Und einen Hahn zum Abschuß zu verkaufen, das war dem Hardl gänzlich unbekannt und hätte überhaupt nicht zu ihm gepaßt.

Das Glück war mir hold. Gleich beim ersten Mal fand ich den Hahn. Als ich gerade bis zum Bauch in einem dunklen Schneeloch steckte, hörte ich sein Lied zu mir herunterperlen.

Von da an ließ ich nicht mehr von meinem Beißenberg-Hahn. Nur er fesselte mich, nur er schien mir begehrenswert, auch wenn ich ihm keineswegs nach dem Leben trachtete. Es wäre ein leichtes gewesen, in irgendein Hahnenparadies zu reisen. Für mich gab es nur den einen auf dem hahnenkargen Berg der engeren Heimat. „Nicht was und wieviel – aber wie und wo!"

Frühling und Winter gaben sich noch oftmals die Hand in den drei Wochen, da ich allnächtlich meinem Hahn zuliebe aus dem Bett sprang. Heute hängt er nicht ausgestopft an meiner Wand, ja, ich weiß nicht einmal, in welchem Jahr und auf welche Weise er gestorben ist. Im übrigen blieb er mein Geheimnis und wurde, obwohl nie ein lauter Schuß die Morgenstille zerriß, zum unverlierbaren Besitz, zum nicht mehr wegzudenkenden Bestandteil eines Jägerlebens.

Fast jede Nacht, wenn man bis zum eigentlichen Aufstieg den langen Weg unter den noch kahlen Buchen dahinging, stieß man auf frische Hochwildfährten, tiefe, schwarze Löcher im weichen oder angefrorenen Firnschnee; zuweilen auch auf die kleine, zierliche eines Rehs, das den harten Bergwinter überlebt hatte; nie aber auf eine Menschenspur, außer auf die eigene, die allmählich zum ausgetretenen Pfad wurde. Nur ich allein wußte um den Großen Hahn, lernte ihn jedesmal besser kennen, lernte jeden Morgen etwas von ihm dazu. Das war und blieb das schönste!

Neunzehn Nächte, mit einer einzigen Pause, als früh um eins der Schneesturm vor meinem Fenster heulte, habe ich dem Beißenberg-Hahn geopfert, neunzehn Morgen ihn gesucht, gefunden, mich an seinem Lied erfreut. Da war er immer, und gesungen hat er auch, gleich, ob vor seinem Erwachen über ihm die Sterne am Nachthimmel funkelten, oder ob der Regen so eintönig im grauen Morgen vom Falzbaum troff, daß man meinen konnte, die alte Fichte würde weinen. Auf recht verschiedene Weise, einmal schön und friedlich, das andere Mal unheimlich und fast abenteuerlich, habe ich mich seinem Balzplatz genähert, dem er, unstet und launisch, wie er war, nur bedingt die Treue hielt. In der einen Nacht saß ich, als er noch fest schlief, schon bequem und warm gegen die Morgenkälte eingehüllt unter seiner Fichte, auf deren unglaublich langen Ästen es sich so gut stolzieren und paradieren ließ, wenn tief unten im dusteren Wald die Hennen zärtlich lockten. Das seligstille Warten auf das Erwachen des Großen Hahns – „bis er anfängt" –, das ist das größte am ganzen Erlebnis! Ein anderes Mal stand ich, von oben anspringend, frierend und schwitzend zugleich, mitten im steilgähnenden Lawinengraben, wo Schnee- und Fallholzmassen sich haushoch türmten, sah tief unter mir die Lichter des Dorfes und wußte nicht, warum mir die Knie zitterten, wegen der Absturzgefahr, in der ich mich befand, oder weil der große, schwarze Vogel, der wie ein Scherenschnitt in gleicher Höhe mit mir auf seinem Ast stand, mißtrauisch verschwieg. Und dann fing er endlich doch wieder an und spielte sich ein – und ich fühlte mich schon wieder einmal als Sieger!

Wie leicht wäre es da immer gewesen, den Hahn vom Baum herunterzuholen. Ihn bei der Baumbalz mit der stillen Büchse zu schießen, derlei Schüsse gehen meistens daneben oder bleiben im besten Fall bescheidene Treffer. Denn was nützen alle Jägerkunst und Jagderfahrung, wenn der große, sachte Sänger sich aus uralter Gewohnheit gerade dann vom Falzbaum schwingt, wenn Korn und Visier zwar schon gut sichtbar sind, die stille Büchse aber noch sehr lange warten muß!

So ging es auch mir. Der große Schuß bleibt Wunschtraum. Vielleicht gelingt er morgen. Und immer versucht man es aufs neue, mit der gleichen Lust, mit der gleichen Ausdauer!

So eifrig ich ihn auch drei Wochen lang „verfolgte", vergrämt oder vertreten wurde der Beißenberghahn kein einziges Mal. Wohl eräugte er mich zuweilen als verdächtigen Gegenstand, den möglichen Feind erkannt hat er nie! Auch nicht an jenem Morgen, als er bei der Bodenbalz auf kaum drei Meter vor mir stand und ich glaubte, sein starrer, durchbohrend scharfer Blick müßte durch meine zusammengekniffenen Augenlider dringen. Wie ein unheimlich drohendes Waldgespenst kam er mir vor, mit dem steil hochgereckten schwarzen Kragen und dem horngelben Krummschnabel, bis ich endlich den erlösenden, metallisch hohlen Glepfer aus der gesträubten Kehle steigen sah, und er mit schwankendem, weitgefächertem Stoß dicht an mir vorbei den Berg hinaufrannte.

Es muß um den 6. Mai herum gewesen sein, also in der Zeit, da die sogenannte Hochbalz ihren Höhepunkt überschritten hat, aber noch voll im Gange ist. Der Hahn falzt an diesen Tagen, günstiges Wetter vorausgesetzt, mit hochgefächertem Stoß in voller Pose, geht aber sehr früh zu Boden. Meistens hat er zwei verschiedene Bodenbalzplätze, die vom Hauptbalzplatz, auf dem sich der Schlaf- und Falzbaum befindet, mitunter sehr weit entfernt sein können. Am Bodenbalzplatz erwarten die Hennen den Hahn, der nach Beendigung der Baumbalz dort einfällt. Hier kann man die schönsten Beobachtungen, nicht selten auch, weil das Licht dann schon viel besser ist, gute Aufnahmen machen. Trotzdem bleibt als Traumziel, vielleicht gerade weil er so schwierig ist, der stimmungsvolle Meisterschuß auf den am langen Ast balzenden Urhahn. Können und Ausdauer allein führen nicht zu ihm, auch das Glück muß beim Anspringen dabei sein!

Trotz der hellen Nacht fiel es mir diesmal auf, daß der Weg durch den unteren Wald seltsam dunkel war: Die hohen Buchen spannten erst seit kurzem ihr junges Laubdach über dem langsam bergan steigenden Jäger. Weiter droben, wo der Große Hahn haust, tragen sie erst einen hauchzarten Schleier, der, wenn nach der Falz die Sonne hineinscheint, lichtgrün leuchtet und im Jubel der Vogelwelt jeden Mißerfolg rasch vergessen läßt.

So stieg ich auch an diesem Morgen, es mochte schon gegen sieben Uhr gehen, und die Sonne schien herrlich durch den jungen Buchenschleier, nach getaner Arbeit auf halber Bergeshöhe vom Bodenbalzplatz zum Hauptbalzplatz zurück. Der Pfad war mir wohlvertraut. Die hochragenden Altholzriegel, die wüsten Lawinengräben, die erwachenden Ameisenhaufen, neben denen der Seidelbast blühte, die Schneeflecken, die jeden Tag kleiner wurden, ich glaube, ich hätte sie alle mit verbundenen Augen gefunden. Der Maimorgen hätte nicht schöner sein können. Da ist man bei kleiner Beute in bester Stimmung. Doch, wie hätte ich ahnen sollen, daß dieser Auerhahnmorgen, so vorgerückt die Stunde schon war, noch zu dem größten in meinem ganzen, an Erlebnissen nicht armen Jägerleben werden sollte?

Gerade hatte ich einen Lawinengraben überquert und betrat einen steil abfallenden Hochwaldstreifen, der größtenteils aus schweren Fichten und Tannen bestand. Nicht nur, weil ich ihn hier noch niemals angetroffen hatte, dachte ich wahrscheinlich an alles andere eher, nur nicht an meinen Hahn! Kein Hahnenjäger denkt noch an ihn, wenn die Sonne schon hoch am Himmel steht und die Vöglein jubilieren; schon viel eher an das Frühstück. Den Hahn aber wähnt man so weit – so weit!

Wie ein elektrischer Schlag berührt ein Balzlaut aus nächster Nähe mein Ohr. Viertel nach sieben! Habe ich mich getäuscht? Oder hält mich vielleicht ein Häher zum besten? Denen ist stets allerlei zuzutrauen! Doch da ist er wieder, klar und deutlich, der hohle, hölzerne Glepfer. Ich stehe wie eine Säule und starre auf den braunen Waldboden, wo ich jeden Augenblick den marschierenden Hahn erwarte. Er erscheint nicht! Dafür ein neuer Balzlaut. Voll und messerscharf knappt es aus der gleichen Richtung und in gleichen Abständen – aber kein Hauptschlag, kein Schleifen folgt nach. Was hat dieses seltsame Spiel zu bedeuten? Endlich begreife ich: Der Hahn balzt gar nicht am

Boden, sondern er steht am Baum! Sofort erkenne ich die große, seltene Gelegenheit. Wie aber sie nutzen, wenn der Sänger sich nicht mehr einspielt und man ihn deshalb nicht anspringen kann? Tatenlos abwarten – oder alles auf eine Karte setzen? Ich entscheide mich für das letztere, denn um diese späte Stunde kann der ganze Zauber schnell zu Ende sein.

Ich presse die Kamera fest gegen die Brust, um sie am Baumeln zu hindern, klemme den Bergstock unter die Achsel und steige vorsichtig, aber auf gut Glück die wenigen Schritte bis zum Scheitel des schmalen Hochwaldgrates empor.

Der Anblick, der mich hier empfängt, ist so großartig, daß er mir zuerst buchstäblich den Atem verschlägt!

Auf einem Ast im unteren Teil einer riesigen, uralten Doppelfichte steht, zu voller Balzpose aufgerichtet und von der Morgensonne prachtvoll beschienen, mein Hahn! Um es ganz recht zu sagen, er steht nicht, sondern er geht. Langsam, majestätisch schreitet er, einen Fuß vor den anderen setzend, auf den langen, weit in die Luft ragenden und an seinem vorderen Ende unter der Last es schweren Vogels leise schwankenden Ast hinaus. Entzücken und Entsetzen erfassen mich zuletzt. Da habe ich ihn endlich auf kaum fünfundzwanzig Gänge vor mir, meinen Hahn, für den ich schon sechzehnmal nachts um eins aufgestanden und auch manch halsbrecherischen Pfad gewandert bin. Armlang hängen unter seinen Füßen die fahlen Flechten des Baumbarts vom Ast der alten Wetterfichte. Im Hintergrund föhnige Grate und Wände. Aber – noch zwei Schritte des königlichen Vogels, und er wird sich mit mächtigem Schwung abstoßen und auf schnellen Schwingen hinausschwimmen in das Meer der sonneflimmernden Luft und der tief unter ihm ragenden Wipfel, mir nichts zurücklassend als den schwer und leer schwankenden Ast!

Wie ein Verzweifelnder, der sein schwindendes Glück mit letzter Kraft erhaschen will, nehme ich die Leica hoch, habe das herrliche Bild im Visier des Suchers und löse aus! Der Hahn muß es hören, aber mag er, eine solche Gelegenheit kommt nie wieder! Doch, o Wunder, er vernahm nichts und reitet nicht ab.

Vielmehr dreht er sich mit schwerfälligem Doppeltritt um und wandert, den Stoß herrlich gefächert, den Hals steil hochgereckt, den stummen Schnabel weit geöffnet, wie ein Sonnenanbeter, der Seligkeit des Triebs ganz hingegeben, den langen Ast zurück. Und wieder hört er es nicht, das leise, aber doch so metallische Klicken der Leica! Ich spanne und löse aus, immer wieder, werde jedesmal kühner und sorgloser in Bewegung und Handgriff: Er merkt es nicht! Ohne Hauptschlag und Schleifen, ja, nicht einmal mehr ein Knappen aus dem offenen Schnabel von sich gebend, scheint dieser Hahn völlig balztaub zu sein. In hundert Auerhahnmorgen habe ich eine solche Ekstase, eine ähnliche stumme Verzückung bei der Sonnenbalz niemals erlebt.

Es war wie ein schöner Traum. Ich schoß Bild um Bild, eine Pose prächtiger als die andere. Und als der Große Hahn endlich abritt und der leere lange Ast wuchtig nachschwankte, stand unter ihm ein Jäger, der sich nicht mehr auskannte vor Freude. Er konnte sein Glück nicht fassen, als er beim Abstieg unter den lichtgrünen Schleiern der Buchen ging, und auch noch nicht, als unten im Dorf schneeweiße Blüten zwischen den alten Höfen den Blick blendeten. Er glaubte, er trüge die schönste Beute seines Lebens im Rucksack heim. Was wäre auch, im Vergleich mit ihr, ein toter Hahn am Bergstock?

Schon zu Hause beim Frühstück überlegte ich hin und her, wie man aus dem Film, den ich vom Berg herunterbrachte, das allerbeste machen konnte. Und da, wie das Sprichwort sagt, ein guter Gaul zweimal zieht, kam mir an diesem Morgen das „große Glück" ein zweites Mal zu Hilfe. Die erste Tasse Tee – wer weiß ihren Genuß besser zu schätzen als der etwas übernächtige Hahnenjäger – war noch nicht getrunken, da schellte das Telefon. Welcher Zufall, es war ein Freund, der in der Stadt ein großes Foto-Geschäft leitete. Zudem gab er zu jener Zeit eine ornithologische Fachzeitschrift von Rang heraus. Ich berichtete ihm kurz von meinem Glück mit dem Beißenberghahn. „Gib den Film ja nicht aus der Hand – in längstens einer Stunde bin ich bei dir!" so rief er begeistert aus. Und auch ich war begeistert!

Nach einer Stunde reiste mein Auerhahnfilm wirklich in die Großstadt. Der beste Spezialarbeiter der Firma sollte ihn entwickeln und Abzüge aller Größen anfertigen. Mein Freund wollte alles selbst überwachen und bei der Wahl der Ausschnitte und den sonstigen Feinheiten als Berater wirken. Und das alles umsonst, kurz nach der „Währungsreform"! Nur das Titelbild für seine Vogel-Zeitschrift sollte ich liefern. Jägerherz, was willst du noch mehr?

Voll Ungeduld erwartete ich tags darauf den Anruf aus der Stadt. Klopfenden Herzens nahm ich den Hörer ab – man kann ja nie wissen!

Mein Film überträfe weit jede Erwartung. In zwei Tagen brächte er mir selbst alles hinaus – einen solchen Schatz vertraue man der Post besser gar nicht erst an!

Neuer Stolz und frische Seligkeit erfaßten mich. Ich konnte ruhig ausschlafen und den Hahn in den letzten Tagen des Abgesanges allein lassen.

Der Freund kam nicht – dafür aber ein weiterer Anruf, diesmal mit Grabesstimme: Vor der Herausfahrt hatte er den Wagen vor einem Konsulat geparkt, in dessen Nähe sich damals ein „berühmtes" Schwarzmarktzentrum befand. Als er abfahren wollte, fand er den Wagen aufgebrochen und ausgeraubt. Film und Bilder waren dahin. Nicht eine Spur von meinem Hahn war übriggeblieben!

Das große Glück war jäh zerronnen, sozusagen noch im letzten Augenblick zu einem Fehlschuß geworden – so ähnlich, wie wenn ein Jäger nach langen Mühen dem Bock seines Lebens eine gute Kugel anträgt und dieses, durch eigene oder fremde Schuld, dennoch verloren und verludert.

Verludern mußte mein Hahn allerdings nicht, das war mein einziger Trost! Vielmehr balzte er im nächsten Frühjahr wieder am gleichen Platz. Aber ihn so schauen wie an jenem Morgen bei seiner verzückten Sonnenbalz, das durfte ich nie mehr. Denn das war eine der ganz seltenen Sternstunden im Jägerleben!

Zwei Wochen später. Wenn der Große Hahn im ernsten Bergwald langsam verstummt, hat der Kleine weiter droben seine schönste, lustigste Zeit. Auf einem hochgelegenen Platz dicht unter dem Grat habe ich mir zwischen Bergerlen ein Ansitzloch in den Schnee gegraben. Dicht davor ragt eine kleine Felswand empor, in deren Spalten sich einige bizarr geformte Latschen krallen. Das soll meine Bühne sein – das ist mein „Rahmen"! Daß er von den eifersüchtigen Spielhahnen gerne aufgesucht, angeflogen, umtanzt wird, habe ich schon vor Tagen von weit her mit dem Spektiv ausgekundschaftet.

Den schönsten Rahmen zu finden, in dem man das Wild erwarten darf, das bedeutet, wie schon öfter dargetan, höchste Kunst und Reiz der echten Kamerajagd. Andere machen ihre Bilder im Zoo, „Alpenzoo" oder im Gatter. Man kann auch einen ausgestopften Hahn, der schon zehn Jahre im Hausflur oder in der Wirtsstube hing und dort eine etwas bräunliche Farbe angenommen hat, die nur zu seinen Lebzeiten ein Zeichen unreifer Jugend war, kunstgerecht auf einen Baum der herrlichen Bergwelt montieren. Unter das Meisterfoto schreibt man dann „Urhahnbalz im Hochgebirge". Und nur wenige sind es, die es merken!

In meinem Schnee-Erlenloch sitze ich wie ein König auf seinem Thron. Hoch über mir das Millionenheer der Sterne. Tief zu meinen Füßen die friedlich blinkenden Lichter der Dörfer. Weit in der Ferne, fast eine böse Ahnung nur, der Lichtschein der Großstadt. So etwas gibt es nur bei der Spielhahnbalz im Gebirge: Man fühlt sich wahrhaft als König und bildet sich trotzdem nichts ein! Nie und nirgends fühlt man sich derart ins rechte Maß gerückt wie in solch einer einsamen Sternstunde zwischen Himmel und Erde. Man ist winzig klein und verlassen, und fühlt sich dennoch wundersam warm und wohlgeborgen. Du bist allein, aber du meinst, mit der Natur, mit dem unendlichen All sprechen zu können. Du fragst – und bekommst auf alles eine Antwort. Und nirgendwo anders in unseren Breiten findet man eine solche Majestät der Stille.

Selbst der Rauhfußkauz, der tief unter mir zwischen dem oberen Waldgürtel und den Latschenfeldern hin und her flog, hat sein anheimelndes Gewummer eingestellt, noch lange, bevor im

Osten der erste Stern verblaßte. Wenn nicht gerade ein Nachtflugzeug als kurze Störung am Himmel brummend und blinkend vorüberzieht, wird die Stille so groß, daß man unwillkürlich die Armbanduhr ans Ohr hält, um sich zu vergewissern, daß man noch hört; so vollkommen die Windstille, daß man fast über den leisen Lufthauch erschrickt, der einem vom Grat her kalt ins Genick zieht. Dann denkt man zuweilen auch an die Birkhahnbalz drunten in Moor und Heide, wo der Frühling jetzt schon mehr Kraft hat.

Als der Himmel blasser wird und der Lichtschein im Osten seine ersten Farben annimmt, da fallen sie ein! Einer nach dem anderen, in Abständen von höchstens einer Minute. Deutlich dringt das elektrisierende Flattern an mein Ohr. Es ist unweit über mir hinter dem Grat, auf einem schneefreien Platz. Er ist flach und leer, ohne Baum und Strauch, ohne Fels und Stein, und hätte mir nichts zu bieten. Freilich, einer, der mit Schrot schießen möchte, könnte das jetzt gleich tun, er käme leicht und schnell zu seinem wenig kunstvollen Recht. Ich muß noch frieren und warten, nicht nur bis die volle Sonne kommt, sondern bis es den raufenden und ewig grugelnden Hahnen endlich einfällt, durch die niederen Bergerlen den Schneehang herunterzulaufen und zu flattern. Dann müssen sie erst, soll die stille Büchse sprechen, in meinen „Rahmen" treten und ihn schön ausfüllen. Es ist sehr viel verlangt, doch es ist das Schöne! Und ich weiß, sie werden es tun. Außer, der Adler fliegt beim ersten Morgenrot gerade im entscheidenden Augenblick über den Grat, oder ein alter Bergfuchs, den es ausgerechnet heute nach Spielhahnbraten gelüstet, springt mir dazwischen. Dann ist wieder einmal ein Morgen umsonst gewesen. Umsonst? Nein, gerade auch das gehört zur Schönheit der Jagd!

Es ist schon ganz licht am Boden, da sehe ich erst, daß die kleinen Hahnen einen ganzen Steig durch die Erlen hindurch in den Schnee getreten haben. Und ich sitze beinahe darauf, ja, versperre ihn mit meinen langen Beinen. Einen Platzwechsel vorzunehmen, dazu ist es jetzt zu spät. Macht nichts, es wird schon schiefgehen! Wenn es ganz ernst wird, muß man halt stillsitzen wie ein Holzklotz, den Atem anhalten, solange es geht, und die Augen zusammenkneifen.

Es ist ein göttlicher Morgen. Das Zuschen und Grugeln der balzenden Hahnen scheint immer näher zu kommen. Und da fallen auch schon zwei Hennen auf dem kleinen Felskopf, meiner auserwählten Bühne, ein. Wenn die schlichten, braunen Damen da sind, wird es bald munter, darauf darf man sich todsicher verlassen. Zugleich kann es gefährlich sein: Die Hennen sind sorgsame Aufpasserinnen. Kaum dreißig Meter vor mir sitzen sie in den überhängenden Latschen und drehen aufmerksam die kleinen Köpfe. Jetzt nur eine einzige unbedachte Bewegung, und sie streichen ab, den verliebten Hahnen ein warnendes Gocken zurufend. Damit wäre viel, wenn nicht alles verdorben.

Es ist nicht leicht, eine halbe Stunde lang regungs- und bewegungslos im Schnee zu kauern, besonders wenn es vor Sonnenaufgang mit jeder Minute beißend-kälter wird. Fast ist es eine echte Strapaze – zugleich aber schön, unbeschreiblich schön. Nur der Jäger weiß das, kein anderer auf der Welt!

Da sind sie, die Hahnen! Nur zwei – aber was für welche, blauschwarz, und jeder schleppt lange Sicheln hinter sich her, wenn sie sich verfolgen. Sie kamen zu Fuß von oben durch die Erlen. Wenn sie nicht raufen, balzen sie. Herrlich zittern dann die schwarzen Sicheln über dem firnigen Schnee, die ganze Luft vibriert von ihrem heiß werbenden Grugeln.

Obwohl sie ganz nahe sind, wüßte ich nicht, welcher von den beiden der stärkere Hahn ist. Da denkt man unwillkürlich auch einmal an die „heiße" Büchse, die um diese Stunde friedlich zu Hause, den Lauf nach unten, an einem Haken hängt. Sonst wäre man ja kein Jäger und säße gar nicht hier heroben im Schnee, während unten die Blumen blühen und die Vögel singen! Trotzdem, meine leise Büchse ist mir heute lieber, und wenn es auf den Hahn geht, überhaupt und immer! Sie liegt schußbereit neben mir auf dem Rucksack, absturzgesichert und mit einem neuen Farbfilm geladen. Doch ihr großer Augenblick ist noch nicht da, wir müssen noch immer auf die Sonne warten.

Auch die beiden Hennen sind flatternd zu Boden gegangen. Eine dritte kommt hinzu. Das scheint die Eifersucht der Hahnen zu verdoppeln. Rasend vor Wut jagen sie sich um den ganzen Felskopf herum. Da tauchen sie schon wieder auf und kommen auf dem kleinen Trampelpfad direkt auf mich zu. Das habe ich befürchtet, damit mußte ich rechnen. Jetzt kommt es nur darauf an, ob sie mich entdecken, oder ob die Eifersucht sie mit Blindheit schlägt. Erkennen sie mich, dann ist alles vorbei: Wie Raketen schwirren sie dann hinaus aus den Erlen und werden bald vom diesigen Frühlicht verschlungen sein.

Zum Glück bleibt keine Zeit mehr zum Denken, da sind die zwei Kämpfer schon da, dicht vor meinen Füßen. Ein gedämpftes, katzenartiges Murren, Zeichen höchster Wut und Erregung, da flattert der vordere Hahn über meine Stiefel hinweg, und der Verfolger springt mir im Übereifer, ohne das Hindernis zu erkennen, auf den Schneestrumpf! Den Bruchteil einer Sekunde lang kann ich das Gewicht des scheuen Wildvogels auf meinem Bein fühlen. Dann geht die wilde Jagd weiter. Der ganze Spuk ist vorbei. Keiner von beiden hat mich bemerkt. In den Bergerlen locken die Hennen!

Eine halbe Stunde später scheint die Morgensonne voll auf den kleinen Felskopf und beleuchtet herrlich das graue Gestein und die grünen Latschen. Hastiges Geflatter im Gewirr der Erlen, harter Flügelschlag auf gefrorenem Schnee, und schon steilen die zwei sich pausenlos befehdenden Hahnen in die Luft. Und noch ehe fünf Sekunden vergangen sind, habe ich sie haargenau da, wohin ich sie mir in meinem kühnsten Traum gewünscht hatte: Jeder für sich frei auf einer kleinen, überhängenden Latsche mitten in meiner Felsenbühne. Sofort wenden sich die stahlblauen Kämpfer mit der roten Doppelkrone auf dem Kopf einander zu, spreizen die langen Spiele, so daß die schneeweißen Unterstöße grell unter den kohlschwarzen, krummen Sicheln leuchten, und sie fangen an, in einem Taumel von Balzlust und Eifersucht versunken, sich anhaltend anzugrugeln. Und das weniger als dreißig Gänge von meinem Schneeloch entfernt!

Unmöglich, die Schönheit des Anblicks in Worten auszumalen. Nur die stolzen Schüsse aus der leisen Büchse werden dazu imstande sein.

Länger als eine halbe Stunde sitze ich in meinem schlechtgetarnten Versteck. Der alte, abgewetzte Freund Gabelstock, fest in den gefrorenen Firnschnee gerammt, leistet zuverlässige Hilfe gegen Wackeln und Zittern. Und ich schieße Bild auf Bild von der herrlichen Schildhahnszene, bis der ganze Farbfilm verschossen ist.

Wie um mir einen Gefallen zu tun, haben die beiden Hahnen so lange ausgehalten. Dann verstummt plötzlich das Doppellied auf dem sonnenübergossenen Felskopf, die Spiele fallen zusammen und sinken, man richtet sich hoch auf im Gezweig seiner Legföhre, noch ein letzter gurrender Ton aus eifersüchtiger Hahnenkehle, und hinaus geht es auf pfeilschnellen Schwingen in den Glast des jungen Maimorgens, hinein in das diesige Luftmeer des Bergfrühlings, bald nur noch zwei kleine, schwarze Punkte vor dem Hintergrund gleißender Dreitausender.

Es würde mich nicht wundern, hätte ich den Enteilenden aus dem kalten Schneeloch heraus meinen heißen Dank nachgerufen!

Genau eine Woche später kam der Farbfilm aus dem Entwicklungslabor zurück. Kaum einen unter vielen Hunderten habe ich sehnlicher erwartet als diesen. Dem länglichen Umschlag lag ein kleiner, roter Zettel bei: „Infolge eines technischen Fehlers beim Entwickeln wurde der Film beschädigt. Als Ersatz erhalten Sie einen neuen Farbfilm. Weitere Ansprüche ... Hochachtungsvoll!"

Einen „Ersatz" für meinen zerstörten Spielhahnfilm hat es natürlich niemals gegeben. Das Ganze war nichts anderes als ein großer, schmerzlicher, wenn auch vom Schützen unverschuldeter Fehlschuß. Für meine Brüder mit der lauten Büchse könnte ich ihn etwa mit einem „Versager" vergleichen: Der Schuß auf einen Hahn oder Hirsch geht nicht los, aber man hat keine Zeit mehr, nachzuladen, denn das begehrte Wild ist längst entschwunden ...

WOLFGANG FREIHERR VON BECK *(1905–1989), geb. in Hohenberg am Starnberger See, Oberbayern, hatte seit frühester Kindheit engen Umgang mit Wald und Wild. Als Volljurist leitete er lange den väterlichen Gutsbetrieb. Bei Reisen durch Amerika machte er sich eingehend mit dem Naturschutz, besonders aber mit dem Lizenzjagdsystem, vertraut.*

Nach dem Krieg führte Wolfgang v. Beck als bayerischer Jagd-referent in München einen zweifachen schweren Kampf: einmal gegen den wahllosen, ungezügelten Wildabschuß der Besat-zungssoldaten, sodann gegen die Abschaffung des Revierjagd-systems und für die Einführung des Lizenzsystems. Er gewann, brachte aber dafür seine Stellung im Ministerium zum Opfer.

Nach 1949 wandte er sich ausschließlich der Jagdschrift-stellerei und der Wildfotografie zu. Sein erstes Buch „Aufwind" (München 1953) erhielt 1959 in Goslar, ausgewählt aus der ge-samten Jagdliteratur seit 1945, den ersten Literaturpreis des Deutschen Jagdschutzverbandes. Weitere Bücher von ihm: „Königreich Revier" (1956, Stocker Verlag, Graz–Stuttgart) mit 10 Auf-lagen, „Im Zwielicht" (1959, 3 Auflagen, Stocker Verlag, Graz-–Stuttgart), „Alte Wechsel – Neue Fährten" (1962, Stocker Verlag, Graz–Stuttgart) mit einer heute besonders aktuellen Abhand-lung über den Neusiedler See, „Einmal wieder heiß" (München 1965), „Mit Jägeraugen" (1967, Stocker Verlag, Graz–Stuttgart), „Wald, Wasser – meine Welt" (1970, Stocker Verlag, Graz–Stutt-gart). Der Autor erhielt 1971 das Verdienstkreuz 1. Klasse der Bundesrepublik Deutschland für seine Verdienste um das Jagd-wesen.

Auch die Sportfischerei, „des Weidwerks kleine Schwester", hat in seinen Werken ihren festen und sehr beachtlichen Platz.

Josef Graf Czernin-Kinsky

War es der Stellvertreter?

Etwas recht Eigenartiges erlebte ich vor Jahren in einem Revier des niederösterreichischen Waldviertels, wohin mich ein guter Freund auf einen Rehbock eingeladen hatte. Mein Freund besaß dort nahe der tschechischen Staatsgrenze eine größere Eigenjagd. Rehwild war die Hauptwildart, ebenso gab es, wenn auch nicht in übermäßiger Zahl, Fasane und Hasen. Sauen kamen gelegentlich von Böhmen herüber und sorgten für jagdliche Abwechslung über das Jahr hinweg. In früheren Zeiten war die Gegend berühmt wegen ihres überragenden Bestandes an Auer- und Birkwild.

Eine Stelle im Revier heißt seit jeher „Auerhahnfriedhof".

Es handelt sich hier um einen ehemals sehr guten Auerhahnbalzplatz, an dem während unzähliger Jahre Große Hahnen erlegt wurden. Jeder Baum, von dem man einen Hahn schoß, erhielt eine Plakette, auf welcher sich der Name des Erlegers sowie das jeweilige Datum der Erlegung vermerkt fanden. Auf diese Weise entstand eine Art Gedenkstätte zur Erinnerung an viele erlegte Auerhahnen. Die Taferln gemahnten an einen Friedhof – daher der Name. Mit der Zeit wurden die Plaketten von der Rinde der Bäume überwuchert und sind nicht mehr sichtbar. Man könnte sagen, auch hier heilte die Zeit alle Wunden. Der heute noch so benannte „Auerhahnfriedhof" erinnert jedenfalls daran, daß es in jenem Revier einst sehr viele Auerhahnen gegeben hat.

Mit dem Birkwild verhielt es sich ähnlich. Heiden und Moore, vor allem für diese Art der Rauhfußhühner lebenswichtig, gibt es heute kaum noch, damit ist aber auch das einst so prachtvolle Hahnenparadies endgültig und unwiederbringlich zugrunde gegangen. Noch stehen aber die würzig duftenden Kiefernwälder, auch die in die Landschaft überall eingesprengten Felsköpfe, die wie Inseln aus Wiesen und Feldern ragen und die Landschaft beleben. Die Birken, die jene Felsinseln mit ihrem weißen Stamm und dem lichten Laub malerisch umrahmen, wer-

den geradezu zum eigentlichen Charakteristikum dieser Wald-
viertler Landschaft. Wer das Waldviertel nicht kennt, dem ist gewiß manches an landschaftlichem Reiz entgangen, und zwar zu
jeder Jahreszeit. Es nimmt nicht wunder, wenn eine solche Gegend ein ganz hervorragendes Biotop für Rehwild darstellt, einen Lebensraum, wo infolge einer wohltuenden Abwechslung
von Wiese, Wald und Feld sich das Wild wohlfühlt. Viele Jahre
galt das Waldviertel als wirtschaftliche Randregion Österreichs,
die Menschen kämpften dort sozusagen mit dem Rücken zur
Wand um ihre Existenz, denn unweit ihres Lebensraumes ver-
hinderten eine hermetisch geschlossene Staatsgrenze und ein
Eiserner Vorhang jeglichen Kontakt und wirtschaftlichen Aus-
tausch mit den Menschen jenseits dieses künstlich errichteten
Hindernisses. Heute scheint sich die Situation gebessert zu
haben, und gebe Gott, daß wir nie wieder mitten in Europa, in
einer Region, deren Kultur in jahrhundertelangem Zusammen-
leben verschiedener Völker organisch wuchs, ähnlichen Zu-
ständen anheimfallen, sondern Friede und Freiheit uns zu allen
Zeiten erhalten bleiben!

Am Abend war ich bei meinem Freund und seiner Familie ein-
getroffen. Trotz der geplanten morgigen Frühpirsch gingen wir
erst spät zu Bett. Es gab viel zu erzählen, und es fiel demnach
schwer, dem gemütlichen Beisammensein vorzeitigen Abbruch
zu tun.

Da die Rehbrunft noch nicht begonnen hatte, wollten wir früh-
morgens mit dem Geländewagen in den verschiedenen Revier-
teilen nach schußbaren Böcken Ausschau halten. Irgendwo
würden wir zweifellos auf einen solchen Bock stoßen und vielleicht auch zu Schuß kommen. Wenn nicht, dann brachte es
sicherlich großen Genuß, die erwachende Natur in einer so
schönen Landschaft zu erleben.

Noch nicht lange unterwegs, sahen wir von weitem auf einer
leicht ansteigenden Wiese einen Bock stehen. Mein Freund
sprach ihn an und bedeutete mir, daß er ihn kenne. Ein Einstangler stünde dort, den ich schießen solle. Wir stiegen aus
und pirschten durch einen Kiefernhochwald dem Bock entge-

gen. Ungehindert und unbeobachtet gelangten wir bis an den Waldrand, von wo aus ich zwar hätte schießen können, doch lockte mich ein Felsbrocken etwa 30 Meter vor uns inmitten der Wiese, den ich gedeckt erreichen wollte, um von dort einen bequemeren und sicheren Schuß abzugeben. Ich versuchte auf gut Glück, den Felsen zu erreichen, doch gelang es nicht, ohne daß mich der Bock wahrnahm und nun über die Wiese gegen den schützenden Wald flüchtig abging.

In großer Eile warf ich meinen Rucksack auf den Stein und richtete mich zum Schuß. Schon in beträchtlicher Entfernung, knapp bevor er in den Wald eintauchen wollte, verhoffte der Bock. Ich schoß, konnte aber nicht feststellen, ob ich getroffen hatte. Mein Freund rief mir jedoch vom Waldrand herüber zu: „Waidmannsheil, den hast du getroffen!"

Da wir nicht wußten, ob der Bock, der ja noch den Wald angenommen hatte, verendet war, beschlossen wir, die Nachsuche später zu beginnen. Nach einer vollen Stunde trafen wir wieder an Ort und Stelle ein und versuchten, zunächst den Anschuß zu finden, was uns auf der freien Wiese nicht gelang. Getrennt drangen daraufhin mein Freund und ich in den Wald ein, wo wir den Bock bald und leicht zu finden hofften, denn der Waldboden war übersichtlich, Unterwuchs fehlte fast ganz. Sehr bald sah ich aber meinen Freund eiligen Schrittes wieder gegen die Wiese herauskommen. Ich machte mich bemerkbar, in der Meinung, daß er den Bock bereits gefunden hätte. Statt dessen rief er mir von weitem zu: „Ich habe gerade einen Bock hochgemacht, dem das ganze Gescheide heraushängt, es ist aber nicht deiner, denn dieser Bock hat ganz normal zwei Stangen." Nanu! Wie das? Das Rätsel mußte gelöst werden. Meiner Meinung nach hatten wir uns möglicherweise beim Ansprechen geirrt, wobei ich eingestehe, daß ich selbst nicht lange schaute, denn ich war damit beschäftigt, mich für den Schuß fertig zu machen. Mein Freund hatte ja zum Ansprechen genug Zeit gehabt, während ich vom Waldrand zum Felsen pirschte. Andererseits stellte sich die Frage, wer, wenn nicht ich, auf den Bock geschossen haben sollte, denn innerhalb der einen Stunde, während

wir den Bock nach dem Schuß in Ruhe gelassen hatten, schien
es doch völlig ausgeschlossen, daß etwa am selben Fleck irgendein Unberufener abermals zu Schuß gekommen wäre. Sollte
jedoch der Bock am Abend vorher beschossen worden sein,
hätte er bei einer derart schweren Schußverletzung die Nacht
niemals überstanden. Es blieb einzig und allein nur eine Erklärung, nämlich die, daß der Bock während seiner Flucht
einen zweiten Bock hochmachte und der Einstangler, von uns
unbemerkt, eine andere Fluchtrichtung nahm, so daß nicht er,
sondern sein „Kumpan" zum „Handkuß" kam.

Wir verständigten den Revierförster, der mit seinem Hund die
Wundfährte aufnahm und sehr bald den bereits verendeten
Bock fand. Ja, es war tatsächlich ein Zwei- und kein Einstangler!
Wenigstens um keinen Fehlabschuß handelte es sich, denn vor
uns lag ein älterer, schlechter Gabler. Man konnte die Dinge
drehen wie man wollte, eine exakte Erklärung für den erlebten
Vorgang ließ sich nicht finden. Wir schüttelten nur die Köpfe im
berechtigten Unglauben oder aber auch im Zweifel an immerhin mögliche, jedoch recht komplizierte Verstrickungen, so wie
wir diese gerade erlebt hatten. Die Trophäe erhielt ich natürlich,
denn wem sonst hätte man sie überreichen sollen? Heute noch
frage ich mich, wenn ich die Trophäe betrachte, ob wir den
Bock wirklich nur falsch ansprachen oder es vielleicht doch ein
ganz anderer, ein Stellvertreter gleichsam, war, den ich schließlich erlegte.

Waidkameraden mit langjähriger Erfahrung werden mir bei-
pflichten, wenn ich sage, daß es im Leben eines Jägers eben
Dinge gibt, die merkwürdig und unverständlich scheinen.
Vielleicht tragen aber gerade sie dazu bei, daß das Jagen stets
einen ganz besonderen Reiz beinhaltet und diesen immer und
zu jeder Zeit behalten wird.

*DIPL.-ING. JOSEF GRAF CZERNIN-KINSKY, geb. 1920, studierte Forst-
wirtschaft an der Hochschule für Bodenkultur in Wien. 1951
Diplomingenieur, 1995 Ökonomierat.*

Josef Gehrer

Vorsicht – Kreuzottern!

Der schönste Teil von Franzls Jagdbezirk war das Gebiet um die Kammerlingalmen. Steile Hänge, schütterer Bergwald, am Fahrweg entlang ein paar schindelgedeckte Kaser, einer davon, zum Lawinenschutz, fast direkt in den Hang hineingebaut. Und weiter hinten, wo das Almstraßl ausging und nur noch ein schmaler Bergpfad weiterführte, da tauchte es dann auf, das Heiligtum des Reviers, die Kematen, genannt nach dem Bach, der lustig von der Höhe herunterspringt. Auch dort hinten in dem fernen Kessel war einmal Almbetrieb, und man kann noch die Überreste von zwei Kasern betrachten und wird dabei traurig. Auch hier hat die Rückeroberung durch die Natur stattgefunden, aber langsam und vorsichtig, mit einzelnen Lärchen und verstreutem Latschengestrüpp. Ein richtiger Wald konnte sich nicht bilden, dafür sorgten die Lawinen, die im Frühjahr herabdonnerten aus dem steilen Gehäng des Seehorns.

Hier war seit eh und je der Lieblingsaufenthalt des Rotwilds. Von hier aus zog es oft noch früh am Nachmittag ganz oben unter den Steilwänden zur Kammerling, ungesehen und unangefochten, um sich dann, bei Dunkelheit, über die Almfläche zu zerstreuen und dem Almangerl mit seinem frischen Graserl einen Besuch zu machen. Einige Stücke zogen gemächlich durch den dichten, schattseitigen Fichtenwald unterhalb der Kalbrunn und kamen bei ihrer Wanderung bis in die Ostabstürze von Kühkranz und Hochkranz, andere zogen das Bachtal hinaus bis unterhalb der Falleck, auf deren rundem Buckel, im „schönsten Forsthaus vom Pinzgau", der Revierförster seinen Dienstsitz hatte. Einige Stückl aber blieben wohl immer oben, im Kematenparadies, darunter der sagenhafte „Alte vom Berg", von dem später noch die Rede sein wird.

Die Kematen war eigentlich immer ein stilles, abgelegenes Fleckerl gewesen. Der kaum noch sichtbare frühere Almweg hatte für den Touristen wenig Einladendes an sich, und auch der ausgesetzte schmale Steig zum Alplboden und dann hinüber zum Palfelhorn wurde nur sehr selten begangen.

Aber der Bergfexn wurden immer mehr, das Altbekannte überlaufen, die Berghäuser überfüllt, da suchte sich der Romantiker seine eigene Markierung. Aber auch diese, die Einzelgänger, nahmen an Zahl ständig zu, und so mußte der Revierjäger Moosbauer Franzl erleben, wie sein Hirschparadies, wo es früher so still wie auf dem Mond war, von dem Tritt massiver Bergstiefel und dem Geklirr von Kletterhaken widerhallte.

Er kratzte sich den wolligen Schädel. „Sakrati, was tua i bloß, daß i des G'schwerl wieder losbring?"

Für ihn, der seine Weltsicht vom Vater kritiklos übernommen hatte und welche sich ganz und gar auf die Jagerei bezog, war alles „a G'schwerl", was statt der grünen Wadlstrümpf solche aus blauer oder roter Farbe trug.

Er hockte sich auf einen Baumstock, zündete sich ein Zigarettl an und dachte nach. Der Schweißhund, die Moni, drängte sich zwischen seine Beine, legte ihre Stirn in Falten und schien an des Franzls Denkvorgang intensiv teilzuhaben.

Plötzlich sprang der Franzl in die Höhe: „Jetzt hab is!" rief er laut, und die Moni nickte mit dem Haupt: „Woi ... woi ..."

Als alle Vorbereitungen getroffen und das Werk schließlich vollendet war, hockte er sich – es war ein Sonntag mit allerbestem Bergwetter – schon früh am Morgen auf ein Felsköpfl mit Ausblick auf den ganzen weiten Kematenkessel und zählte die blauen und roten Wadlstrümpf. Es waren ihrer sechs. Am letzten Sonntag waren es noch vierzehn gewesen. Und von Sonntag zu Sonntag wurden es immer weniger; zuletzt mühte sich noch ein einzelner Bursch den steilen Steig durch die Wände hinauf, fuchtelte mit seinem Schistecken ständig am Boden herum und kam nur langsam vom Fleck.

„Haut schon hin!" frohlockte der Franzl und war sicher, diesmal vom Amtschef ausdrücklich belobigt zu werden.

Aber wie sollte er sich täuschen!

Eine außerterminliche Dienstbesprechung war angesetzt. Die Revierbeamten und Berufsjäger rätselten, was er wohl diesmal

wieder herumzunörgeln hatte, der Herr Forstdirektor Windstraßer. Aber derselbe nörgelte nicht – er ging alsbald zum
Angriff über:

„Wer von den Herrn hat die saublöde Idee gehabt mit den
Kreuzotterschildern? Das ist doch ein Relikt aus Ferdinand Raes-
felds Zeiten und ganz unglaubwürdig dazu. Meine Herrn, ich
darf Sie daran erinnern, daß sich unser Saalforst auf österrei-
chischem Boden befindet. Gäste sind wir hier, Gäste! Was meinen S', was der Landeshauptmann dazu sagt, wenn ihm zur
Kenntnis gebracht wird: ‚Da hinten am Kematenbach stehn
neuerdings Warnschilder vor Kreuzottern.'? Ja, was meinen S'
wohl, sagt er: ‚Die Berg g'hören immer noch uns', sagt er, ‚und
ob wir uns von Giftschlangen beißen lassen oder a net, das ist
unsere Sache!' "

Der Forstdirektor Windstraßer ließ seinen strengen Blick über
die Köpfe seiner Untergebenen gleiten und sprach sodann mit
scharfer Stimme: „Wem dieses Hundsstückl eingefallen ist, der
möge sitzen bleiben – die andern können gehn!"

Murrend und zum Teil sogar laut protestierend, entfernten
sich die Herren, und wer sitzen blieb, das war der Revierjäger
Franz Moosbauer.

„Das hab' ich erwartet", sagte der Herr Forstdirektor Windstraßer und schlug fast gemütlich die Beine übereinander. Dann
aber brüllte er los: „Er also wieder, der Herr Franzl Moosbauer
junior, dessen Vater mir noch in allerbester Erinnerung ist! Sagn
S' amal, wen ham denn Sie beerbt, vom Naturell her, mein' ich?"

Der Jagerfranzl zupfte an seinem Bartl. „Meinen Großonkel
wahrscheinlich, der ist zwischen de zwoa Kriag nach Kanada
ausg'wandert."

Der Amtschef hierauf kurz: „Das rate ich Ihnen auch!"

Das war ein starkes Stückl, und dem Franzl schwollen die Stirn-
adern an. Aber statt in einer Affekthandlung dem grünen Wichtl-
zwerg die Kündigung auf den Schreibtisch zu knallen und die
Tür für immer zuzuschlagen, fingerte er sich ein Zigarettl aus
der Joppentasche und zündete es sich in aller Gemütsruhe an.
Nein, ganz ohne Denkzettel wollte er das giftige Mandl, das von

Jahr zu Jahr im Kollegenkreis unbeliebter wurde, nicht davon-
kommen lassen.

„Auf meinen Warntafeln steht bloß die Wahrheit!"

„Schmarrn!"

„Der alte Loisei hat erst kürzlich zwei Kreuzottern direkt vor
der Kasertür erschlagen, und gleich hinter dem Fallecker Forsthaus hab' ich eine tote gefunden, vom Auto überfahren!"

„Das werden wohl die letzten ihres Stammes gewesen sein!"

„Lang net, lang net ... Wie ich mich neulich auf einen Balken
von der verfallenen Kematenalm hinhock und Brotzeit machen
will, ist zwischen meine Fiaß plötzlich eine Kreuzotter g'legn, a
kloane, schwarze, die besonders giftig ist."

„Na und? Kann vorkommen!"

„Prompt is vorg'schnellt und hat meinen Hund, die Moni, in
den Hinterhax bissen, noch heut is bresthaftig. Und a weng
später hat's mi selber erwischt. Beim Erdbeerbrocken für unsere Fremden beißt mich net so a Luader in d' Nasn eini, daß auf-
g'schwolln is wie a Elefantenrüssl, und in Saalfelden drent hams
mir a Gegengift spritzn müssn!"

Dem Herrn Forstdirektor wurde leicht unbehaglich.

„Wehrt sich halt, das Tier, wenn man in seine letzten Refugien
eindringt. Aber das alles sind absolute Einzelfälle."

„Nix Einzelfälle, das ganze Kammerling- und Kematengebiet
ist mit giftigen Nadern verseucht, des sag i Ihnen, und i woaß
koan Pirschgang, wo i net zwoa oder drei von denselben davon-
schwanzln hab g'sehng. Also hab ich meine Warntafeln zu
Recht aufg'stellt, und wenn Sie's net glaubn, was i sag, dann
gehn wir morgen zu zweit auf die Kematen hintri, und sehng
wir keine Nadern, können S' mich fristlos entlassen. Aber sehng
ma oane – und Sie werden gar gebissen –, dann bleiben die
Schilder stehn, wos san!"

So lange hatte der Jagerfranzl schon lange nicht mehr geredet,
und der Herr Forstdirektor bekam langsam eine leichte Gänse-
haut.

„'s gilt", sagte er, „also – wann ist Aufbruch?"

„Um viere in der Früh, vielleicht steht uns nebenbei noch a

Foasthirsch zua", sagte der Jagerfranzl und verließ das Amtszimmer.

Unten am „kleinen" Dießbachsee stellten sie den Jeep ab, und dann ging's schnurstracks mitten hinein in das Schlangeneldorado. Der Amtschef krittelte zwar ein wenig an den Warntafeln herum, enthielt sich aber eines endgültigen Urteils. Sie pirschten langsam den Aiplgraben entlang, und als sie in den Windwurfschlag einmündeten, war schon die Sonne da, Jagdzeit vorbei.

Der Herr Direktor Windstraßer entledigte sich seiner Joppe, krempelte sich die Hemdsärmel hoch und rollte die Strümpfe herunter.

„Des tät I net", warnte der Jagerfranzl und verwies auf seine eigenen hohen Bergstiefel und seine dicken Wadlstrümpf.

„Ach was", sagte der Herr Forstdirektor und schritt weiter bergan. Sie hatten den Alplbach überquert und einen dichten Wald von Pestwurzblättern durchschritten, da stieß der Herr Forstdirektor plötzlich einen Schmerzensschrei aus:

„Au, ich glaub', mich hat etwas gebissen!"

„Laßn S' schaugn", sagte der Jagerfranzl mit schlecht unterdrückter Genugtuung, wird doch net a Nadern g'wesn sein?"

Tatsächlich entdeckte er an des Herrn Forstdirektors weißen dünnen Beinen, gleich oberhalb des Fußknöchels, zwei rote Punkte.

„Und?" fragte der Herr Forstdirektor mit zunehmend bleicher werdendem Gesicht.

Der Jagerfranzl drückte mit seinen sehnigen braunen Fingern an dem mageren Chefhaxn herum und murmelte: „Vielleicht, vielleicht a net. Spürn S' was? I moan, so a schwaches Gefühl, so eine Art Ohrensausen, des hab i nämlich a g'habt, wia mich seinerzeit die Kreuzotter in meinen Zinken bissen hat."

Der Herr Forstdirektor Windstraßer hatte sich auf einen Baumstock niedergetan; ihm war schlecht geworden. Der Puls jagte, er zitterte am ganzen Körper.

„Was tut man in einem solchen Fall?" flüsterte er.

Jetzt war der Jagerfranzl ganz Mann der Tat. „Als erstes den Haxn sofort abbinden", sagte er, zog die Schnur aus seinem Rucksack und wickelte dieselbe ziemlich grob um den Oberschenkel des Gebissenen. „Ausbrennen toan ma net, das is a Schmarrn, aber hinunter müaß ma, so schnell wie möglich, und der Kreislauf darf nicht belastet werden. Also, hinauf auf meinen Buckl, a Foastgams is a net schwarer als Sie!"

In äußerster Respektlosigkeit lud er sich das bleiche, zitternde Mandl auf die Schultern und sprang mit Riesensätzen den Hang hinunter.

Und so erlebte der Herr Forstdirektor Windstraßer, teils tief gedemütigt, teils von Herzen froh, einen durchaus unüblichen Abtransport aus dem mit Giftschlangen offenbar tatsächlich „verseuchten" Kematenrevier und ließ sich, als sie in den Jeep stiegen, sogar zu einem sparsamen Kompliment hinreißen:

„A Kreuz hat er wia a Stier, a echter Pinzgauerbummerl!"

Der Jagerfranzl aber gedachte mit Dankbarkeit jener kleinen, samtschwarzen Giftnader, die ihm bei seiner Exkursion so hilfreich beigestanden hatte. Jetzt konnten seine Schildln „Vorsicht – Kreuzottern!", die in kurzer Zeit so gute Dienste geleistet hatten zum Wohle des Hirschwilds, gewiß stehenbleiben. Dessen war er sich sicher.

Aber er irrte sich.

Als der Herr Forstdirektor zu Hause abgeliefert ward, war der Fußknöchel bereits stark angeschwollen, aber der Puls hatte sich beruhigt. Aber anstatt mit Blaulicht und Sirenengeheul nach Salzburg zu rasen, um sich eine Serumspritze verpassen zu lassen, ließ Herr Windstraßer zuerst den Hausarzt kommen. Der Doktor Blümlmoser aus Unken, Spezialist für die gröberen Fälle medizinischer Betreuung, wie Halsschmerz und Blinddarmreizung, sah sich den Haxen an und gab dann folgendes von sich:

„Also, ein Schlangenbiß, meinen S'? Da bin ich anderer Ansicht!"

Der Herr Forstdirektor hierauf mit leisem Stöhnen: „Aber die zwei roten Punkte – das ist doch typisch für den Biß einer Giftschlange, und außerdem hab' ich das Biest höchstpersönlich sich davonschlängeln sehn, und der Revierjäger Moosbauer auch. Net wahr, Franzl?"

Aber dieser hatte sich, Ungutes ahnend, bereits aus dem Staub gemacht.

Worauf der Bauerndoktor Blümlmoser sein Grinsen nicht mehr hintanhalten konnte:

„Sie sind Ihrer eigenen, übersteigerten Phantasie aufgesessen, lieber Direktor. Vermutlich hat Ihnen jemand weisgemacht, daß der ganze Berg von Kreuzottern wimmelt. Vielleicht ist es auch so. Aber das hier, am Fußknöchel, ist ein ganz biederer Insektenstich ...“

„Aber die zwei verräterischen Punkte nebeneinander? Genau im Abstand der Giftzähne, da mußte man doch annehmen ...“

Der Doktor Blümlmoser holte ungerührt seinen Rezeptblock aus der Joppentasche.

„Dann sind's halt zwei Insektenstiche. Wahrscheinlich sind's auch a wenig allergisch. Jetzt macht Ihnen Ihre Frau einen Umschlag mit reinem Alkohol oder auch einem hochprozentigen Birnschnaps, und zur Kreislaufstärkung verschreib' ich Ihnen ein entsprechendes Mittel.“

Er neigte sich zum sichtlich erleichterten Forstdirektor Windstraßer hinab– „Sagn S' amal, wer hat Ihnen eigentlich das eing'redt? Etwa Ihr Jäger, der sich vorhin wegg'schlichen hat?“

Jetzt wurde der Forstdirektor noch bleicher als oben auf der Kematen, und er murmelte vor sich hin. „Einmal hast du mich schwach gesehn, Moosbauer Franz, das werd' ich dir im ganzen Leben nicht vergessen!“ Und er warf sich aufs Wohnzimmersofa, daß die Federn knirschten.

Draußen vor der Tür meinte der Doktor Blümlmoser zur Frau Forstdirektor: „In der Haut dieses Jägers möcht i net stecken. Sagen S' amal, warum muß der denn beißen, immerzu um sich beißen, der Mann stellt doch die rabiateste Giftschlang' in den Schatten. Da droht einmal was Unguts – nämlich a Herzkasperl!“

Die Frau Forstdirektor nahm des Doktors Arm und sagte mit bebender Stimme:

„Die ihm einen solchen wünschen, werden immer mehr, mich tät's net wundern, wenn er amal nimmer heimkäm von der Jagd.“

Der Doktor nickte ernst: „Unsere Pinzgauer sind im Grund ein liebes, heiteres Völkl, aber sie können arg gachzornig werden, wenn ihnen einer dauernd auf den Zehen herumtritt. Reden Sie Ihrem Mann gut zu, er soll es einmal mit Verständnis und, wenn möglich, mit Humor versuchen!"

„Umsonst", antwortete die Frau Forstdirektor, „dieser Mensch ist nicht mehr zu ändern!"

„Mensch', sagt die zu ihrem Gatten, ich glaub', da fehlt's schon weit", murmelte der Doktor, als er davonzuckelte, dem nächsten Krankenfall entgegen.

JOSEF GEHRER, geb. 1923 als Sohn eines Zollbeamten in Melleck bei Bad Reichenhall. Obwohl er immer den Wunsch hatte, Förster zu werden, war er beruflich als Finanzbeamter tätig, beschäftigte sich in seiner Freizeit aber als Wildfotograf. Nach kleineren Texten zu seinen Bildern, die in Zeitungen und Jagdzeitschriften erschienen waren, wagte er sich an das erste Buch mit dem Titel „Es bleibt ein Zauber", für das er 1964 den Literaturpreis des Deutschen Jagdschutzverbandes erhielt. In seinem „Waldhäusl" am Ebersberger Forst führt der Autor mit seiner Familie ein naturverbundenes Dasein.

Walter Heinzinger

Der Winterfloh

Der Winter floh, der Frühling blinzelte noch verschlafen mit den Knospen, als mich die Jagdherren unserer Jagdgesellschaft auf einen Bock einluden; auf einen, den ich mit etwas Weidmannsheil auf eigenem Grund und Boden erlegen könnte. Also wurde geplant, was immer planbar war in unserem Pendlerdasein zwischen Wien und der Steiermark.

Von allen Zipfeln unserer Wirtschaft aus beobachtete ich die Wildwechsel. Vor allem zwei Plätze waren immer für Überraschungen gut. Der Jagdaufseher Hans half. Wir saßen an und pirschten und besprachen ausführlich jede Beobachtung. Ein mittlerer Sechser kristallisierte sich heraus. Wir kannten ihn seit drei Jahren. Er trug regelmäßige, gut durchschnittliche Stangen, im Wildbret war er recht stark. Aber aus ihm, dachte man, könnte noch etwas werden. Ein übermütiger Jüngling trat einmal da, einmal dort aus. Unstet, wie halt die jungen einmal sind oder wie sie von den Alten getrieben werden.

Die ersten warmen Frühlingstage sind Festtage im Jahreslauf, aber voller Tücken. Klassische Verkühltage, ähnlich den letzten schönen Herbsttagen.

Der Kirschbaum trägt sein weißes Festkleid. Ein strahlendes Weiß, erhaben über jedes Waschpulverweiß. Ein klingendes Weiß. Ein summendes Weiß. Das Blütenkleid eines Baumes arrangiert die perfekte Multimediashow.

Ein unsichtbarer Dirigent hebt seinen Taktstock bei Sonnenaufgang: Der Specht klopft ans Pult. Der Gockelhahn kräht die letzten Säumigen munter. Sachte, ganz sachte, lockt der Dirigent die Musikanten auf die Bühne, bis – einer Symphonie gleich – das Summen der Bienen die Luft erfüllt. Er fordert mehr, immer mehr. Er bindet eine Vielzahl von Tönen in einen Strom, der gleichmäßig wie die lebensspendende Sonne dahinzieht, ebenmäßig wie die Zeit und daher voller Schwankungen. Er entläßt seine Diener, einen nach dem anderen, bei Sonnenuntergang.

Der Kirschbaum verstummt.

Der Kirschbaum blüht. Der Nußbaum schiebt seine braungrünen Blätter zaghaft heraus, als wollte er noch vor dem Blühen warnen. Der Frost könnte dem ganzen Spiel ein Ende bereiten. Die Apfelbäume zeigen die zartrosa Ränder ihrer Knospen andeutungsweise, wie süße Lippen, die sich erst in einer Woche den Bienen zum Kuß öffnen werden. Die gelben Narzissen sind verwelkt. Die vielen Inseln voller Frühlingsknotenblumen haben vom zarten Weiß ihrer Glöckchen zum glänzenden Grün ihrer langen Blätter gewechselt. Der Duft der Veilchen ist verflogen. Von den rotgefleckten Blättern der Hundszahnlilie findet man kaum noch eine Spur. Das Erbe der Frühlingsvorboten haben die Vergißmeinnicht übernommen. Verschwenderisch. Das Vergißmeinnicht, das uns geschlossen noch altrosafarben, aber aufgeblüht mit himmelblauen Blütensternen entgegenlacht, mit himmelblauen Blütensternen und den kleinen gelben Sonnen der zarten Staubgefäße. Das Vergißmeinnicht lacht uns entgegen wie die Augen der Liebsten. O je, die Augen der Frau sind grün! Darum zur Besänftigung schnell zu ihren Frühlingssuppenkräutern, die ja auch die Frühlingswiese zieren: zu Löwenzahn, Schafgarbe, Gundlrebe, Günsel, Huflattichknospen, Gänseblümchen, Brennessel usw., usw.

Ach, vergebliche Mühe, eine blühende Wiese beschreiben zu wollen. Gelängen auch nur ein paar Quadratmeter, so fehlte doch die große Kulisse. Die Birkenblätter färben sich dunkler, das zarteste Hellgrün ziert die Buchen, die Eichen rascheln mit den welken Blättern aus dem Vorjahr, und die Edelkastanie scheint noch zu schlafen.

In diesem Traumgarten der Gräser, Blüten, Blätter und Farben wurlt das Käfervolk. Die krabbelnden Schmuckstücke gleichen wirren Managern, die entschlossen in eine Richtung eilen, dann Meinung und Richtung ändern und ebenso entschlossen ein anderes Hindernis angehen. Jeder Käfer eine schillernde und wohlbewehrte Persönlichkeit.

Mittendrin in der kleinen Sonne des Löwenzahns saß ein Marienkäferl. Neben mir die kleine Nachbarin, ein noch schulunverbildetes kleines Sprachwunder. Apfelrote Pausbacken, kornblumenblaue Augen, strohblonder Wuschelkopf, offenes Lachen und ein herzerfrischendes Mundwerk.

„Schau, Mochaannal, a Himmakual!" stupste sie mich an.

„A wos?"

„A Himmakual."

„Wo is wos?"

„Da Mochaannal kennt ka Himmakual."

Ein Himmel brach für die kleine Nachbarin ein. Ja, wie kann ein so großer Mensch das „Himmakual" nicht kennen! Ungläubig den Kopf schüttelnd, pflückte sie den Löwenzahn, auf dem der schwarzgepunktete kleine Rotrock, der Marienkäfer, saß, und hielt ihn mir hin.

„Jetzt kennst dos Himmakual."

Jetzt kannte ich die kleine Himmelskuh. Und wenn diese kleine Himmelskuh, das wohlklingende „Himmakual", durch den ersten Schulaufsatz krabbeln wird, wird auch aus ihm endgültig ein Marienkäfer geworden sein.

Blumen, Blüten, Käfer, Libellen und Schmetterlinge fesseln beim Jagen weniger, wohl aber die größere Bewegung und auch die Bewegung im Luftraum. Der Grünspecht schwingt sich in weiten Konjunkturkurven über den Obstgarten. Wir wußten nie genau, wie viele Spechte unsere zahlreichen morschen Bäume traktierten. Nach einem argen Hagelunwetter konnten wir aber einmal ein ganzes Dutzend zählen. Was mag die fanatischen Einzelgänger zu diesem geselligen Beisammensein bewogen haben? Seither bangen wir um Bäume und Holzhaus auch vor den Angriffen aus der Luft.

Ein Stoßtrupp Stare stürmt auf seinem Inspektionsflug über die Weingärten, die nach der Last des Vorjahres noch erschöpft ruhen. Der große Frühlingsrufer, der Wachrufer, der uns nach der Brieftasche greifen läßt, landet nach seinem typisch unsteten Flug.

„Kuckuck, kuckuck!"

Die Meisen jubilieren. Das Hausrotschwänzchen ist noch zu schüchtern, um, wie sonst üblich, zum Familienmitglied zu werden. Grünfink, Stieglitz, Elster, Nußhäher, Käuzchen, ja sogar Wiedehopf, Störche, Habicht und Bussard nisten im Sausal.

Aus den Föhren tauchte aber ein roter Fleck auf. Mein Blick verengte sich wie beim spähenden Greif. Ein unbekannter, ein fremder, ein neuer Bock! Nicht gerade sehr stark, offensichtlich noch im Bast, teilweise jedenfalls. Zwischen den Lauschern hingen dunkle Fetzen. Auch im Glas konnte ich nicht genau ausmachen, wieviel Bast oder was sonst es war. Schon war der Bock eingezogen.

Meine Neugierde war geweckt. Der Schlüssel im Tor zur Jagdphilosophie drehte sich. Warum war der Bock noch im Bast? Im Gesicht war er doch recht weiß? Recht weiß und somit eher ein alter Bock. Dann hätte er aber schon früher verfegt. Die anderen Böcke waren schon blank. Sollte es irgendein Astgewirr oder gar nur ein Nylonfetzen gewesen sein?

Sofort fuhr ich zu Hans. Der kannte seine Böcke wie ich meine Großfamilie. Hans wußte nichts von einem so sonderbaren Burschen.

Am Abend war nichts los. Am nächsten Morgen pflückten die alten Bekannten geruhsam in meiner Naturwiese ihr Frühstück. Welch ein Feinschmecker ist das Reh im Gegensatz zur Kuh, die sich wie eine Mähmaschine durch das Gras malmt! Hier wird eine Blüte nahezu zärtlich gebrockt, dort eine Knospe, und vor allem Raritäten: die ersten Knospen eines frisch gesetzten Obstbaumes, die zarten Zweigspitzen der Lärche, die Austriebe einer sündteuren Tanne und die Maiwipferln der künftigen Christbäume. So wie der eine Nachtigallzungen und Spargel speist und der andere Schweinsbraten und Knödel verdrückt.

Zwischendurch verhofft das Wild, ist wachsam, gespannt und fluchtbereit. Da ähnelt die Situation einer Cocktailparty. Man plaudert sorglos dahin, nippt an Gläsern, nascht Häppchen, richtet Leute aus und hört plötzlich irgendwo ein Stichwort: den Namen eines Freundes oder gar seinen eigenen, und schon sind die Gaumengenüsse vergessen und die Ohren spitz. Man verhofft.

Der neue Unbekannte verbarg sich. Die Zweifel blieben. Mit dem Gepäck wanderten die Zweifel mit ins Auto, sollten mit in die ferne Reichs-, Haupt- und Residenzstadt. Beim letzten Schlüsselrundgang im Haus nahm ich beim Blick durchs Gaubenfenster noch ein „Maulvoll" Landschaft mit – und da stand der Bock auf der Wiese.

Breit stand er da, warf auf und äugte keck her zum Haus. Ich raste hinunter zum Auto, riß das Glas aus dem Rucksack, rannte die Stiegen hinauf – weg war der Bock. Eines aber war sicher: Ich jagte keinem Phantom nach, und seine Krickel waren ungewöhnlich, waren umwunden, waren deformiert, waren jedenfalls etwas Besonderes. Dieses reizt bekanntermaßen den Homo sapiens ganz allgemein und den Jägermenschen noch mehr.

Kaum in Wien angekommen, telefonierte ich mit Hans. Er hatte noch immer keinen außergewöhnlichen Bock ausgemacht, versprach aber, fleißig anzusitzen.

Obwohl die Schußzeit erst in vier Wochen aufging, waren doch alle Jäger schön langsam munter geworden. Freilich: Die, welche mit ihrem Wild mitlebten und einen Überblick über das Revier hatten, waren in der Minderheit. Aber immerhin: Kein Bock konnte angebunden oder reserviert werden. Und wenn da bei mir gar ein besonderer ginge, wäre die Chance, daß er auf mich wartete, gering.

Der gute Hans bestätigte den jungen Sechser und den recht interessanten Spießer und machte im Graben noch einen reifen Sechser aus, der sehr heimlich tat und auch bei mir spazierte.

„Das wär' schon einer", meinte Hans.

Vom Besonderen spürte er nichts.

Die Hoffnung der Jäger- und Fischersleut' scheint vital zu sein. Vielleicht gibt es den besonderen Bock doch, hoffte ich, als ich vierzehn Tage später wieder ins Sausal fuhr. Gelobt sei der Mai mit seinen Feiertagen!

Doch ein regnerisches Wochenende verwehrte die Pirsch. Am Sonntag nachmittag riß es auf, und ich machte mich auf den Weg zu Hans, um unsere Strategie zu besprechen.

Kaum bei der Einfahrt steht da, zwanzig Meter neben der Straße, der Bock. Wie auf einem Kupferstich sehe ich ganz klar: Er ist ein Abnormer rechts. Eine normale Stange links, und rechts ein schaufelartiges Gebilde, nach vorne zeigend. Das Gesicht ist weiß. Schon springt er hochflüchtig ab.

In mir sind alle Sinne alarmiert. Es gibt den besonderen Bock! Er geht bei mir, ich darf ihn erlegen. Strahlend wie ein Sechserl komme ich zu Hans, der meinen Bericht ungläubig über sich ergehen läßt. Auf jede seiner Fragen –

„Ja, bist sicher?"

„Hast ihn wirklich g'sehn?"

„Das kann ich nicht glauben!"

„Ich hätt' ihn ja auch sehen müssen!" –

begann ich immer wieder die Geschichte von vorn. Eines war an diesem Nachmittag verschwörerisch besiegelt worden: Dieser Bock mußte es sein, was immer passierte, und – das Geheimnis galt es zu bewahren.

Die Jagd sollte Montag in vierzehn Tagen aufgehen. Jenen Montag und den Dienstagvormittag hatte ich mir freigeboxt. Wenn das Wetter halbwegs paßte, waren die Chancen zu Beginn der Jagdzeit doch am besten.

Hans fieberte mit mir und deutete an, daß er schon noch ein brauchbares Sitzerl bauen werde, damit wir den Bock ja bekämen.

Auch werde er oft hinaufschauen zu mir auf den Berg, um den Abnormen in den Anblick zu bekommen und seine Eigenheiten zu erkunden.

Am Freitag verlasse ich reisefertig das Büro. Mein geistiges Auge ist 250 km südwärts gerichtet, und ich bin fix entschlossen, mich von niemandem aufhalten zu lassen. Im Vorbeigehen an der Sekretärin läutet das Telefon. „Ich bin nicht mehr da", stelle ich zufrieden fest, zögere aber doch eine Sekunde, um zu erfahren, wer dran ist. Das war mein Fehler, wie es so oft der Fehler eines Bockes ist, just noch einen Augenblick zu verhoffen, und schon kommt die tödliche Botschaft geflogen.

Es war unser oberster Chef. Ich war das Opfer eines geflügelten Wortes von mir, wenn ich unerreichbar sein wollte. Meine Melanie bekam dann immer die Weisung, zu sagen, außer für meine Frau, den Papst und den obersten Chef sei ich nicht zu erreichen. Von böser Ahnung geplagt, griff ich zum Hörer.

„Du, ich brauch' dich am Montag. Bist du in Wien?"

Warum hab' ich nicht gelogen? Ich habe es nicht getan, denn wenn ich einmal beginne, wichtige Termine der Jagerei zu opfern, ist kein Ende abzusehen.

Trotzdem versuchte ich einen Ausweg:

„Ja, eigentlich wollte ich auch meine Mutter in Übelbach treffen."

Dies war ein Weg über seine schwache Seite. Ein bißchen Wahrheit war ja auch dabei. Beim Hinfahren wollte ich wirklich bei meiner Mutter „vorbeischauen". Doch so schlau war der Oberste auch.

„Na ja, Sonntag kannst ja bei deiner Mutter sein. Montag bist dann wieder in Wien. Wenn's leicht geht."

Wenn's leicht geht! Und da soll dann einer nein sagen? Auch wenn's nicht leicht geht!

Verfluchtes Telefon.

Da bot sich nur noch der Freitag zum Terminausräumen an. Zwei Dinge konnten verschoben werden. Am Donnerstagabend stand Graz im Kalender. Das konnte passen. Hans wurde informiert. Der verläßliche Hans fuhr täglich hinauf auf den Berg, saß an auf dem neuen Sitz, pirschte durch die Gegend, aber der Abnorme blieb verschwunden. Das auch noch! Vielleicht tauchte er bis Freitag auf? Immerhin, Freitag und Samstag waren frei, der Sonntag war wieder verpflastert.

Schon am Mittwoch zeigte sich der Freitag gefährdet. Kollege Joschi bat mich dringend um eine gemeinsame Pressekonferenz. Am Freitag, um halbwegs aktuell eine Attacke zu reiten. Am Freitag um 11 Uhr in Wien. Zu dumm!

Eine Frühpirsch wenigstens schien gerettet: Donnerstagabend Vortrag in Graz, danach ins Auto und die fünfzig Kilometer ins Sausal rasen, schlafen, Frühpirsch, um 7 Uhr ab nach Wien, dachte ich. Dann hätte Joschi zwar einen übernachtigen, aber keinen zernepften Partner, der seinen Senf „wohlvorbereitet" dazugäbe.

Keinem konnte ich von den Terminschicksalsschlägen erzählen, obwohl ich wie ein geprügelter Hund darunter litt. In der zungenlockeren Branche der Politiker und Journalisten hängt der Himmel voll von Quellwolken der Intrigen. Bei jedem Terminengpaß – und dies ist meine tägliche Not – lautete es sonst: „Der ist wieder Jagern."

Der Donnerstag verlief fast planmäßig. Um Mitternacht machte ich wie ein Wachhund den Rundgang um das stille Haus im Sausal in der Hoffnung auf einen sehr lieben Besuch: auf Buwi. Kaum zehn Minuten später war er zur Stelle. Buwi, der Nachbarshund, unser Urlaubsfreund. Völlig außer Atem sauste er hin und her, jubelte wie verrückt mit der buschigen Rute, hob die Lefzen, lachte und freute sich. Er fraß manierlich mein Frühstück, kroch in seinen Schlafwinkel, und so beschützt schlief ich gegen eins ein.

„Hallo!"

Hans klopfte an das Fensterl. Raus aus dem warmen Bett, rein ins Jagdg'wand, raus in den grauen Morgen! Der kühle Wind verscheuchte die letzten Gewissensbisse, daß das ganze Unterfangen eigentlich ein handfester Blödsinn sei.

Stolz führte mich Hans zum neuen „Sitzerl". Der Tischlermeister Hans hatte ein Meisterstück gebaut. Gemeinsam mit seinem Freund, dem Inspektor, hatte er es so kunstvoll in eine Randeiche hineingezimmert, daß die Äste tragendes Element wurden und die schlanke Leiter mit dem Stamm wie verwachsen schien.

So sollte man einen Neubau in ein altes Ensemble hineinpassen.

Viele unserer Hochsitze sind eine Schande: eine Kreuzung von Wachtürmen mit desolaten Scheißhäuseln, von Vogelscheuchen mit Wetterruinen. Der Hochsitz von Hans wäre bei einer Ausstellung für naturnahes Bauen prämiiert worden.

Sogar die Höhe schreckte mich diesmal nicht. Hans bevorzugt sonst horstähnliche Sitzerln. Diese erreicht er über dreimal versetzte Leitern, die letzten Meter klettert er frei in uralten Kirsch-baumriesen und sitzt dann aufgebaumt auf ein paar Sprießeln.

Das neue Sitzerl war von einer formvollendeten, soliden und menschenfreundlichen Konstruktion. Wir sahen in den Schlag ein, auf dem Hans nun endlich doch den Abnormen zweimal in Anblick bekommen hatte.

„Vom Jungwald her müßte er auf den Schlag kommen."

Als ob es gehört worden wäre, bewegte sich jetzt im frühen Morgenlicht ein roter Fleck zwischen den noch nicht mannsho-hen Bäumchen. Langes Verhoffen vor dem Austreten.

„Das ist der alte Sechser."

„Soll'n wir ihn nehmen?"

Der alte Sechser ahnte nicht, daß an seinem Lebensfaden ge-zwickt werden könnte. Langsam, vorschlagschwer, als ob ihn das Alter und die kapitale Krone drückten, begann er zu früh-stücken. Mich aber juckte nicht einmal die Idee, diesen Kapi-talen zu erlegen. Der Hausbock mußte es sein.

Langsam zog der Alte den Schlag herauf.

Im Jungwald verdeckt, kam ein anderes Rehwild. Sollte es der Hausbock sein? Der bliebe sicher in Deckung. Es war eine Gais.

Um sechs schaute ich zum erstenmal auf die Uhr.

Um elf war die Pressekonferenz angesetzt, um halb elf die Vorbesprechung; minus zwei und dreiviertel Stunden Fahrzeit – ohne jegliche Zeitreserve natürlich – ergibt Abfahrt um drei Viertel acht. Also mußte ich spätestens um sieben Uhr vom Sitz verschwinden, denn zumindest die Rasur war ein unvermeid-licher Tribut an die Zivilisation. Mein „vernünftiger" Zeitplan, mit der Abfahrt um sieben Uhr, war somit ungültig.

Der Alte zog dreißig Meter vor uns geruhsam ins Holz. Er hatte uns oft das Blatt angeboten, und wir hatten ebensooft wider-standen. Wär' nur der Hausbock gekommen!

Mit der vollen Morgenmelodie, dem Krähen und Zwitschern und mit dem Hupen des Bäckers, der vor jedem Bauernhof seine frischen Semmeln ankündigte, war es Zeit abzubaumen. Und mit jedem Leitersprießerl, das ich tiefer stieg, machte sich der unvermeidliche „Müd" bemerkbar.

„Ich bin ja doch ein Trottel", sagte ich mir, „und jetzt muß ich nach Wien fahren!"

„Der Bock!" zischten Hans und ich gleichzeitig, als wir bei der Hauseinfahrt anlatschten. Brettlbreit zu uns her verhoffend, stand keine hundert Meter hinterm Haus im Weingarten der Hausbock. Übersteigert groß stand er da in der Morgensonne, sein weißes Gesicht direkt zu uns gerichtet. Dunkel und massig die ungewöhnlichen Krickel. Der Bock verhoffte, und wir standen wie gelähmt wuchtelbreit auf der Straße. Zum Haus, wo wir frühestens hätten Deckung nehmen können, waren es noch gut hundert Schritt. Zum freien Schießen war es entschieden zu weit.

Das Schimpfen des abspringenden Bockes hatte ich schon im Ohr. Jetzt und jetzt mußte es erfolgen. Aber er stand fest, und wir trauten uns nicht einmal, die Gläser an die Augen zu führen. Es war auch nicht notwendig. Er war es. Und ich wußte, daß es sieben Uhr war oder schon Viertel nach sieben.

Jetzt zupfte der Bock am Weinlaub, als ob er sich für den Spaß, daß er so komische Jäger entdeckt hatte, ein Achterl genehmigen wollte, und zog gemütlich den Weingarten hinauf.

Ein Schritt des Bocks im Weingarten, zwei Schritt von uns näher zum Haus. Die Distanz blieb im Schußbereich. Die Einfahrt fiel steil zum Haus ab, der Weingarten stieg als Gegenhang steil hinauf. Das wäre auch zu schaffen gewesen. Nur – ja, nur stand dann das Preßhaus zwischen dem Bock und uns. Blieb nur der Balkon.

Der Balkon aber schien unerreichbar. Das Haus hat, wie bei den weststeirischen Häusern üblich, zwei Türen. Aber die Vordertür, die „Labmtür", quietscht so laut, daß der Bock hätte „derrisch" sein müssen, um das Öffnen zu überhören. Und das Schloß der Hintertür klemmt von außen, man kann nur von innen sperren, Aber – durchfuhr es mein Hirn –, aber ich bin ja heute hinten hinausgegangen und hab' daher die Tür nicht zugesperrt. Also mußte die Hintertür offen sein. Sie war es. Und schon schlichen wir auf den Balkon.

Weingartenzeilen, grüne Weingartenzeilen.

Nur Grün und kein Bock.

„Weg ist er."

„Vorn, vorn in der vierten Zeile steht er", flüstert Hans.

Die Weinstöcke verdecken den Bock. Die Lauscher sind zu sehen, manchmal der Ziemer. Mehr nicht. Wir warten. Hans erbarmt sich meiner Knie, schleicht um ein Stockerl und schiebt es mir unter den Hintern. Ich lasse den Bock nicht aus den Augen. Er steht verdeckt.

Ich schiele auf die Uhr. Es ist knapp vor halb acht. Das Ticken spüre ich im Rückenmark. Irgendwo im Hirnkastl mahnt eine Zelle zur Eile. Irgendwo mahnt eine andere Zelle. „Vom Balkon aus erlegt man eigentlich keinen Bock." Doch ich suche im Fadenkreuz sein Leben.

Als wisse er um seinen letzten freien Wunsch, tut sich der Hausbock nieder und rückt sich gemächlich zwischen den Weinstöcken zurecht. Der Träger ist zu sehen, das Haupt ist verdeckt, aber darüber ist der sonderbare Kopfschmuck ganz deutlich anzusprechen.

Die rechte Stange gleicht einer Elchschaufel.

Auf jedem Schießstand träfe ich auf diese Entfernung, ohne lange herumzufackeln, ins Schwarze. Jetzt aber bleibt das Fadenkreuz einfach nicht auf dem Träger. Sollte es bleiben?

Nein.

Den Anschlag vom Balkon aus gestattet die Jägerehre gerade noch, einen Schuß auf ein Wild im Bett nicht mehr. Wir warten. Die Zeiger rücken auf drei Viertel acht. Der Countdown für die Rückfahrt läuft.

Unsere Augen tränen, so fixieren wir den Bock, so fix rechnen wir, daß er jetzt und jetzt hoch wird. Würde er nur hoch! Und wenn, dann bitte nach links. Denn rechts würden ihn die immer dichter werdenden Weinreben verdecken.

„Ich muß nach Wien. Mach bitte einen Kickserer!" flüstere ich tonlos zu Hans.

„Wart nur!" deutet Hans.

Wir warten. Die Rasur schrumpft zur Sparrasur. Das Duschen entfällt. Das Tempolimit existiert nicht. Die Vorbesprechung wird gestrafft. So könnte es sich noch ausgehen. Jedes Lauscherspiel spannt die Nerven noch mehr.

„Hans, ich muß hinunter. Mach ihn hoch!"
Der Bock spielt mit den Lauschern.
„Hans, kratz am Holz!"
Der Bock spielt mit den Lauschern.
„Einmal muß er ja hoch werden."
„Hans, ich muß aber nach Wien."
„Die warten, bis du kommst."
Hans hat Nerven! Natürlich warten die. Und wie geduldig noch dazu! Eine ganze Meute wartet mit Engelsgeduld auf mich, der ich jeden Unpünktlichen süffisant anzupflaumen pflege. Ihr Verständnis für meine Entschuldigung: „Ich hab' noch einen Bock schießen müssen", wäre grenzenlos. Na, dann hätte ich gleich zwei Hochkapitale auf einmal geschossen. „Hans, ich geb' auf."
„Der Bock!"
Der Bock wird unruhig. Er geht hoch, er schüttelt sich, und schon wirft es ihn nieder. Noch einmal kommt er hoch, flüchtet schwerkrank dreißig Schritt nach links und wandert dann in meinem eigenen Weingarten in den ewigen Jagdhimmel.
„Waidmannsheil!"
„Waidmannsdank!"
Kein besinnliches Nachklingen, nur Freude. Eher würdelos hetzen wir die Stiegen hinunter. Hans zum Bock. Ich zieh' mich schon im Laufen aus und komme sehr unwaidmännisch, aber strahlend nach. Wir bewundern die sonderbare Trophäe. Wirklich, die rechte Stange ist wie eine kleine Elchschaufel.
Wir sind stolz auf unseren Weingartenelch.
Üblicherweise enden hier die Jagdgeschichten. Für die Pflichtbewußten unter den geschätzten Lesern aber muß ich den ganzen Freitag skizzieren: Ich kam noch pünktlich nach Wien. Etwas derangiert zwar, verschwitzt, die Jagdstutzen unterm eleganten Anzug, die Krawatte hatte ich beim Rot der letzten Ampel gebunden.
Worunter ich aber am meisten litt: Ich mußte den jagdlichen Triumph in meinem Busen versperren. Ich mußte mit meiner Freude alleine fertig werden. Kaum waren die Pflichten erledigt

– erfolgreich noch dazu –, saß ich schon wieder im Auto, wieder Richtung Sausal. Nur nicht hinterm Lenkrad, sondern schlafend auf dem Beifahrersitz. Die Frau kutschierte die Kinder und mich sicher zurück zur Stätte meines Jagderlebnisses. Im Gepäck hatte sie – nebst dem üblichen Klimbim – Butter, Zwiebeln und gekochte Erdäpfel für die Bruchjause mit Hans und seiner Familie.

Der Weingartenelch beflügelte noch tagelang mein Innenleben.

WALTER HEINZINGER (1937–1993) wechselte erfolgreich durch Berufsreviere, bis der gelernte Drogist als steirischer Abgeordneter in das Parlament einzog.

Albrecht Fürst zu Hohenlohe-Jagstberg

Sauen meiden mich

Als junger Mann war es mein größter Wunsch, ein Wildschwein zu erlegen. Aber noch viele Jahre sollte es dauern, bis ich Gelegenheit dazu bekam, und ausgerechnet dieses Wild ist mir mein Leben lang am wenigsten hold gewesen.

Bei uns gab es früher kein Schwarzwild. Um so größer die Aufregung, wenn alle zehn Jahre einmal ein Schwein hier durchwechselte, zumal es sich dann immer um grobe Keiler handelte. So wurde einmal bei Mergentheim ein starker Keiler bei einer Hasenjagd erlegt. Alle anderen blieben am Leben, weil man sie immer nur mit Schrot kitzelte.

Endlich bekamen wir von unserem Onkel Leopold Graf Sternberg eine Einladung nach Castolowitz in Böhmen zur Saujagd. Ich schoß drei Überläufer, meine ersten Sauen. Freilich hätte ich mich über ein dickeres Schweinchen noch mehr gefreut, aber diese mieden mich.

1934 lud Onkel Emich Fürst Leiningen auf Bitten seiner Söhne Carl und Hermann meinen Bruder Carl und mich zur Wildjagd ein. Mein Bruder hatte, wie immer, unverschämten Anlauf. Er schoß an diesem Tage siebzehn Stück Hochwild.

Ich hatte bis Mittag einen einzigen Schuß abgegeben und nur einen ganz schwachen Rotspießer geschossen. Nach dem Frühstück erhielt ich einen Sonderauftrag. Ich wurde mitten im Trieb vor eine eingezäunte Dickung gestellt. Onkel Emich hatte mir ausdrücklich eingeschärft, auf einwechselndes Wild nicht zu schießen, da große Hänge beigedrückt werden und diese Kultur erst als Abschluß drankommt. Schön brav saß ich gut gedeckt in meinem Schirm und horchte beleidigt auf die vielen Schüsse. Vor mir in der Kultur rauschte lautstark ein Keiler. Nach einer Stunde hörte ich eine Rotte Sauen von hinten auf mich zukommen. Vierundzwanzig Stück aller Kaliber wechselten im Gänsemarsch auf zehn Schritt an mir vorbei durch eine Zaunlücke in die Kultur – und ich durfte nicht schießen! Als das letzte, ein besonders starkes Stück, durch das Zaunloch sprang, konnte ich es mir einfach nicht verkneifen und sandte ihm eine Bohne aus meiner Doppelbüchse im Kaliber 8 x 57 JR nach. Ich hatte damals überhaupt keine Erfahrung mit Sauen, sonst hätte ich das wahrscheinlich unterlassen, denn die Rotte durchwechselte wegen dieses Schusses die Kultur und kam drüben Vetter Hermann zu weit, so daß er nicht schießen konnte. Da er den rauschenden Keiler aber ebenso wie ich gehört hatte, fürchtete er mit Recht, die Rotte würde ihn mitnehmen. Deshalb rannte er bergab, um ihr den Weg abzuschneiden. Da kam der Keiler auch schon an, verhoffte aber vollkommen verdeckt, äugte der Rotte nach und begab sich dann, sehr zum Leidwesen meines Vetters, wieder zurück in die Kultur.

Als die Treiber endlich da waren, wurde die Kultur umstellt. Ich sah Onkel Emich an der Front um das Eck verschwinden. Kaum hatte der Trieb begonnen, wackelten ganz vorne am Eck die Fichtenäste, und der Zaun bewegte sich nach außen. Diese Bewegung setzte sich in meine Richtung fort und näherte sich eilends meinem Stand. Als das Schwein, von dem ich hoffte, daß es der starke Keiler sei, an das Loch vor mir kam, durch das die Rotte vorher eingewechselt war, trat Stille ein. Ich starrte angestrengt auf das Loch, aber nichts erschien dort. Plötzlich sah ich wieder vorne am Eck das Wackeln des Zaunes, das sich abermals bis zu dem Loch vor mir fortsetzte. Ich hoffte nur immer, daß der Keiler vorne nicht hinausfindet. Wie mir Onkel Emich nachher sagte, machte dieses Schwein bei ihm jedesmal das gleiche Theater, um rauszukommen.

Sechsmal hatte er schon diesen Versuch unternommen, dann herrschte wieder Stille. Ich beobachtete bereits wieder das vordere Eck, denn dort müßte er sich jetzt bald befinden, da nahm ich im Augenwinkel eine Bewegung wahr, fuhr herum und sah mit Schreck und Freude zugleich das Zaunloch vom Kopf eines riesigen Schweines ausgefüllt, das heraussicherte. Nachdem es dies für meine Nerven zu lang getan hatte, machte dieser Koloß eine Flucht durch die schmale Lücke und war alsbald auf fünfzehn Schritt neben mir. Meine Kugel warf ihn um. Da lag er und wetzte furchterregend mit dem Gebrech. Jeden Augenblick

rechnete ich mit seinem Angriff und überlegte mir mit ange-
schlagener Büchse, ob ich ihm nicht doch den Fangschuß geben sollte. Dann lud ich schnell nach, denn wenn er annimmt,
ist es besser, zwei Schuß im Rohr zu haben. Aber langsam ließ
das Wetzen nach, und dann streckte er sich, war verendet. Mein
erster Keiler. Erst besah ich ihn mir, dann schlüpfte ich durch
das Zaunloch. Da lag mein verbotswidrig erlegtes Schwein, eine
riesige nichtführende Bache.

Nun wollte der Jagdherr die Jagd abblasen lassen, aber damit
waren seine Söhne Carl und Hermann durchaus nicht einverstanden. Sie überredeten ihren Vater, im Tal zu bleiben. Der Trieb
wurde herüben sofort angegangen, während wir den Hang hin-
unterrannten, das Tal überquerten und den gegenüberliegenden Hang fast ebenso schnell hinaufeilten.

Da ich am wenigsten geschossen hatte, bekam ich den obersten Stand auf dem Bergrücken auf einer riesigen Kanzel. Vor mir
lag ein Kiefernaltholz, links am Hang, wo mein Bruder über-
riegelt als nächster stand, war dichtes Buchenstangenholz, und
rechts von mir befand sich auf sechzig Meter ein Zaun, hinter
dem der Berg wieder steil abfiel. Mehr oder weniger war es ein
Zwangswechsel.

Kaum saß ich und hatte mich häuslich eingerichtet, da kommt
ein einzelnes Damtier am Zaun entlang – kein schwerer Schuß.
Bald darauf, ich hörte die Treiber noch am drüberen Hang,
erschienen sechzehn geweihte Hirsche, zogen vielleicht zehn
Minuten lang ganz vertraut vor mir umher und verschwanden
dann wieder in den Trieb. Geweihte waren tabu, aber es war
interessant, sie zu beobachten.

Hernach erschien ein Rottier mit einem sehr schwachen Kalb.
Erst schoß ich das Kalb, dann das Tier, auf dieses kam ich leider etwas zu weit hinten ab. Es ging dreißig Schritt und tat sich
von mir vollkommen verdeckt an einer Kiefer nieder. Bald darauf kamen die Hirsche zurück, zogen ganz gemütlich auf mich
zu und an mir vorbei.

Nun hatten die Treiber inzwischen unsere Seite erreicht. Da
fiel ein Schuß unter mir bei meinem Bruder, dann noch einer.

Gleich darauf hörte ich Brechen, ein starker Keiler kam hochflüchtig über die Kante direkt auf mich zu. Ich faßte ihn am
Halsansatz an. Im Knall knickten die Vorderläufe ein, er fiel auf
das Gebrech, aus dem der Schweiß armdick hervorschoß, und
rutschte so, hinten hoch, auf mich zu. Direkt vor meiner Kanzel
kam er wieder auf die Läufe und lehnte sich schwankend an
einen Baumstumpf. So gab ich ihm senkrecht von oben den
Fangschuß.

Ein paar Minuten später sehe ich im Altholz drei starke Sauen
hochflüchtig auf mich zukommen. Die mittlere dürfte ein Keiler
sein. Als sie sechzig Meter entfernt waren, schoß ich der mittle-
ren auf den Halsansatz. Klagend sprang das Stück senkrecht in
die Höhe, überschlug sich und blieb liegen. Mit der zweiten
Kugel ließ ich die hintere roulieren, dann lud ich schnell eine
Patrone nach, und im Verschwinden an der Kante kam ich auf
die vorderste sehr gut ab. Als die Treiber da waren, bat ich
einen Forstbeamten, dort gleich nachzusehen und zu verbre-
chen. Als er an den großen Felsbrocken kam, hinter dem das
Schwein verschwunden war, lag es dort.

Ein wirklicher Jammer ist es, daß die Sauen auf den Feldern
so schwere Schäden anrichten. Im Wald haben wir sie dagegen
sehr gern, gehören sie doch zu den wenigen wehrhaften Wildarten aus vergangenen Zeiten, und an Klugheit und Mut erreicht
sie kein anderes Wild Europas. Ein grobes Schwein in hohem
Schnee bietet schon ein imponierendes Bild, für das jeder
wahre Jäger bereit ist, Strapazen auf sich zu nehmen. Bis wir
Jäger nach dem Krieg wieder Waffen führen durften, waren die
Sauen bereits zur Plage geworden. Es gab soviel Schwarzwild,
daß man es im Winter fast jeden Tag bejagen hätte können.
Ohne Schnee ist das aber sinnlos, und nur auf Verdacht zu
jagen, fast immer erfolglos. Beim ersten Neuschnee ging es los.

Hatte man Sauen fest, und damals zählten Rotten mit über
zwanzig Stück zur Tagesordnung, so trommelte man die Jäger
zusammen. Nicht immer ein leichtes Unterfangen, denn die
meisten waren selber beim Abfährten unterwegs. Ich glaube,
das Gros der Sauen wurde gefehlt, denn die Jäger hatten ange-

sichts einer bei ihnen ausbrechenden starken Rotte nicht die Nerven, einen gut gezielten Schuß auf ein bestimmtes Schwein anzubringen. Man konnte da unglaubliche Dinge sehen. Im Revier Heften zum Beispiel kamen einem Schützen einmal zwölf Sauen und rannten auf fünfzehn Meter neben ihm in einen Maschendraht. Der Anprall an diesen warf die Sauen immer wieder auf den Weg zurück, wobei sie dauernd beschossen wurden. Endlich gelang es einer starken Sau, ein Loch in den Zaun zu brechen. Getroffen war keine!

Bei der üblichen Herbstjagd kamen in meinem Revier Hegenest fast immer Sauen vor. Darum bat ich die Schützen, Kugel oder Flintenlaufgeschoße bereitzuhalten. Weil wir bis mittags keine Sauen angetroffen hatten, wollten mich zwei meiner Neffen ärgern und hielten mir vor, ich hätte ihnen versprochen, daß Sauen vorkämen. Wo die wohl wären! Ich bat sie, den Schnabel zu halten und abzuwarten. Schon im nächsten Trieb kam ausgerechnet diesen beiden eine Rotte mit elf Stück schön brav hintereinander – und sie haben nicht ein Schwein zur Strecke gebracht. Das ließ sie klein werden und verschlug ihnen die Rede vollkommen.

In Hegenest gab es die meisten Sauen, ganz selten einmal fährtete man bei Neuschnee dort keine. Den stärksten Keiler erlegte Revierjäger Rupert Schweiger. Diesen Bassen hatte ich meinem Bruder Carl freigegeben, der Tag und Nacht hinter ihm her war. Durch ihn verlor er sogar zwei Hunde, zu Schuß kam er aber nie.

Wieder einmal hatte er ihn eingekreist, holte meine Waldarbeiter und ließ die Dickung still gegen sich andrücken. Jäger Schweiger, den er mitgenommen hatte, schickte er zur Beobachtung auf die rechte Seite in einen großen Schlag. Der Keiler kam meinem Bruder Carl in der Dickung bis auf ein paar Meter, verhoffte lange, machte kehrt, zog die ganze Treiberkette langsam entlang und kam bei Schweiger gemütlich heraus, der ihn – gegen jede Abmachung – mit der einzigen Brenneke, die er dabei hatte, schoß. Bei der Internationalen Jagdausstellung 1954 in Düsseldorf waren die Waffen dieses Keilers die achtbesten und erhielten die Goldmedaille. Sie stachen durch die unwahrscheinlich starken Haderer unter allen anderen heraus.

Einen anderen sehr starken Keiler fehlte ein Jäger bei der Herbstjagd auf sechs Meter zweimal. Das nahm dieser so übel, daß er beschloß, diese ungastliche Stätte sofort zu verlassen. Er wechselte über Berg und Tal zwanzig Kilometer weit nach Langenburg, durchrann die Jagst und schob sich dann an dem dem Schloß gegenüberliegenden Hang ein.

Der Langenburgsche Förster Lüder ging am nächsten Morgen in dieses Revier zu den Waldarbeitern. Da er ein Reh für die Schloßküche schießen sollte, nahm er einen der Männer mit und wies ihn an, eine kleine Dickung am Hang durchzudrükken. Er selbst ging unten an der Jagst entlang und einen schrägen Abfuhrweg hoch, um sich vorzustellen. Als er ein Stück oben war, hörte er ein Brechen und ärgerte sich, daß die Rehe, wahrscheinlich durch das zu frühe Angehen des Treibers, schon ins Ziehen gekommen sind. Als er nach dem Wild suchte, sah er ein gewaltiges Schwein die Kultur verlassen. Er riß den Drilling von der Schulter, stellte auf Kugel um und schoß im dichten Stangenholz auf die Sau, die umfiel und sich nicht mehr rührte. Da lag der grobe Keiler. So ein Dusel!

Schweiger meldete mir eines Tages, in einem lichten Vorholz der Hegenest hätte er eine starke Sau fest. Er könne sich gar nicht vorstellen, wo sie sich eingeschoben haben könnte. Ich nahm noch Förster Müller mit.

Zuerst betrachtete ich mir den Ort von der Ferne und prüfte den Wind. Dann stellte ich mich mit Müller dorthin, wo ich annahm, daß die Sau anlaufen würde. Schweiger hatte ich angewiesen, die Fährte auszugehen. Kaum war er gegangen, kam auch schon der Keiler auf uns zu. Wir ließen ihn zwischen uns durch, und die Schüsse fielen kurz hintereinander. Meiner um den Bruchteil eines Gedankens früher. Der Keiler brach im Schuß zusammen, dadurch bekam er Müllers Kugel nicht mehr. Er war fünfjährig.

Wieder lag eine wunderbare Neue, ich fährtete die Hegenest ab. Eine gute Fährte stand in eine verhältnismäßig kleine Fichtendickung. Vorsichtig herum! Die Fährte steht nicht heraus. Ich rief Förster Müller an und ließ ihn mit Jäger Schweiger kommen. Die Waldarbeiter waren auch gleich da. Müller stand retour, Schweiger auf der rechten Flanke zur nächsten Dickung, ich an der Front im Buchenaltholz, so daß ich den Schlag auf der linken Seite auch beschießen konnte. Genau dort, mitten über den freien Schlag, kam die starke Sau. Ich mußte auf etwa hundertfünfzig Meter schießen. Sie zeichnete stark und flüchtete in ein Fichtenstangenholz Richtung Feld. Deshalb rannte ich, was ich konnte, parallel mit ihr auf einer Abteilungslinie hinunter, um ihr die Verbindung zu den beiden Hauptsautrieben abzuschneiden. Als ich bis zum Waldrand alles übersehen konnte, paßte ich auf das Schwein, aber es war nicht zu sehen. Plötzlich rief mir ein Treiber, der in den Schlag herausgetreten war, zu: „Achtung, die Sau kommt!" Ich drehte mich um, da kam sie wahrhaftig direkt auf mich zu. Sie muß im Stangenholz abwartend verhalten haben. Auf keine zehn Schritt bekam sie meine Kugel in den Kopf.

Während Müller die Sau aufbrach, schaute ich zufällig die Abteilungslinie hinunter und sah auf keine sechzig Meter in einer Buche in Kopfhöhe einen hellen Fleck. Ich ging hin. Da saß doch tatsächlich ganz frisch die Kugel. So kann ein Unglück passieren. Die Kugel war im Kopf der Sau abgewiesen worden und wieder aufwärts gegangen. Auf diese Weise ist Baron Malsen-Ponikau bei einer Jagd des Fürsten Hohenzollern ums Leben gekommen, und fast zur selben Zeit auch ein amerikanischer Oberst.

Die interessanteste Saujagd in der Hegenest, abgesehen von der Herbstjagd, an der in jedem Trieb Sauen vorkamen, letzten Endes aber nur drei lagen, war diese: Wir hatten während der großen Hasenjagden gerade einen Ruhetag. Da kam der Anruf, in Hegenest wären in einer großen Fichtendickung sechzehn Sauen fest, in der ebenso großen Dickung daneben eine einzelne starke Sau. Außer meinen ständigen Gästen trommelte ich in der Eile noch ein paar Jäger der Umgebung zusammen, nahm meinen Sohn Alexander sowie Förster Müller mit, fuhr zur Hegenest und überzeugte mich erst einmal selbst. Es stimmte alles.

So stellte ich an die Front ganz außen Alexander, der noch ein Jüngling war und noch nie Schwarzwild geschossen hatte, dann Graf Plessen, Fürst Fugger, den Prinzen von Preußen und noch zwei Jäger. Auf der rechten Flanke standen Müller und zwei weitere Schützen sowie ich ziemlich hinten. Auf der linken Flanke, auf dem Feld, hatte ich nur zwei Schützen postiert. Der hinterste Stand neben mir blieb frei, weil ein weiterer Schütze, der mir sein Kommen fest zugesagt hatte, noch fehlte.

Im Trieb war bald die Hölle los, die Hunde machten einen mächtigen Radau. Mein Hund Lord Dreibein raste laut hinter einer Sau im Trieb umher, und die Treiber vervollständigten den Lärm. Endlich einige Schüsse bei Müller. Da nur drei Sauen ausgewechselt waren, wurde zurückgetrieben. Fünfmal trieben wir vergeblich hin und her. Eine alte Tatsache bestätigte sich: Je mehr es auf den Abend zugeht, um so schlechter sind die Sauen herauszubringen.

An dem unbesetzten Stand kamen dauernd Rehe. Deshalb ging ich dorthin, weil wir noch zwei Rehe zu schießen hatten, und schoß ein Schmalreh. In diesem Augenblick hörte ich Lord Dreibein direkt auf meinen vorherigen Stand zuhetzen, an dem mein Mantel, Jagdstuhl und Pleßhorn lagen. Da flüchtete auch schon ein kapitales Schwein aus der Dickung, überfiel den Weg und kam auf keine zehn Meter an diesem Stand vorbei, dahinter jaulend Lord Dreibein. Vor lauter Wut über meine Dummheit schoß ich auf gute hundertzwanzig Meter im Buchenstangenholz auf die Sau, die sich im Knall auf die Keulen setzte und durch den Bestand Schlitten fuhr. Ich rannte hinterher, lud im Laufen nach und holte das Schwein etwas ein. Da hatte mich die Sau wahrgenommen, machte kehrt und Anstalten, mich laut wetzend anzunehmen. Ich gab ihr den Fangschuß. Vor mir lag ein grober Keiler von acht Jahren, der beste, den ich bei mir erlegte. Ein einzelner Schuß war an der Front gefallen, mein Sohn hatte ein zweijähriges Keilerchen geschossen, das vor einem Hund kam, um eine Fichte herumfuhr und genau vor ihm am Rande der Dickung regelrecht down machte. Es passieren schon merkwürdige Dinge auf der Jagd, und manchmal kann man sich das Verhalten des Wildes nicht erklären. Und das Interessante ist, daß man nie das gleiche noch einmal erlebt.

Da die anderen Sauen nicht herauszubringen waren, blies ich ab, ließ die Herren der Front stehen, die jetzt die rechte Flanke bildeten, und stellte den Prinzen von Preußen ganz allein an die Front auf einen fünfzig Meter breiten Zwangswechsel. Ich stand mit drei Schützen auf der linken Flanke.

Als der Trieb fast zu Ende ging, fiel vorn ein Schuß, zwei Minuten später noch einer. Der einzelne Keiler war vorn kurz vor den Treibern wunderschön in den Eschenstangen angelaufen. Der Prinz von Preußen führte nur eine Flinte mit Brennekegeschoßen. Er fehlte den Keiler aus Unsicherheit wegen der nahen Treiber. Dieser machte kehrt, flüchtete wieder in die Dickung, kam mit den Treibern zusammen am äußersten linken Flügel auf eine etwa zweihundertfünfzig Meter lange, unbesetzt gebliebene Wiese heraus und schickte sich an, diese schleunigst zu überqueren.

Prinz Wilhelm Victor schoß vor lauter Ärger über sein Mißgeschick seine zweite Brenneke auf zweihundertfünfzig Meter nach dem flüchtenden Keiler. Dieser fiel wie vom Blitz getroffen um und rührte sich nicht mehr. Wenn ich die Sau und die Patronenhülsen nicht gesehen und den Bericht meiner Waldarbeiter – die alle zusahen – nicht gehört hätte, ich würde heute noch an Jägerlatein glauben. Das Geschoß war dem Keiler mitten ins Herz gedrungen und dort steckengeblieben. Ich fragte Wilhelm Victor, wo er denn hingehalten habe. Er meinte, einen halben Meter vor und einen halben Meter hoch. Aber er kann hingehalten haben, wo er will, es bleibt trotzdem reiner Zufall. Der sehr gute, fünfjährige Keiler erreichte aufgebrochen ein Gewicht von zwei Zentnern.

Gerade an derselben Stelle, wo ich meinen Keiler schoß, saß ich abends einmal auf Sauen an. Auf dem Weg standen zwei hohe Kanzeln. Auf der einen saß ich, bei der anderen kam ein Überläufer, der auf dem Weg brach. Als er sich breit stellte, erhielt er die Kugel. Er brach auf der Stelle zusammen und drehte sich dauernd im Kreis. Ich konnte deshalb keine Kugel mehr anbringen. Plötzlich flog er in die Luft und war in der Dickung verschwunden.

Am Anschuß sehr viel Schweiß, und eine wie mit einer Gießkanne gegossene Schweißfährte führte in die Dickung, vierhundert Meter durch die ganze Dickung hindurch und aufs Feld hinaus, wo der Schweiß weniger wurde und schließlich ganz fehlte. Wir meinten, die Sau könne gar keinen Schweiß mehr in sich haben. Trotzdem haben wir sie nie bekommen.

Auf eine Sau soll man schießen, solange sie sich noch rührt, denn einmal halten die Schwarzkittel unglaublich viel aus, selbst bei guten Schüssen, und dann besteht, falls sie wieder auf die Läufe kommen, immerhin die Gefahr, daß sie annehmen, und das kann recht gefährlich sein.

Mit meinem Bruder Carl nahm ich einmal in Pommern an einer Saujagd teil. Ein grober Keiler war angeschweißt worden und steckte nebenan in einer bürstenähnlichen Fichtenkultur, wo ihn die Hunde gestellt hatten. Ein älterer Förster wollte hinein, um ihm den Fangschuß zu geben. Seine Kollegen und die anderen Jäger rieten ab. Doch er behauptete, das wäre die erste Sau, an die er sich nicht herangewagt hätte, und drang ein. Gleich darauf hörte man einen Schrei. Zwei junge Kollegen eilten ihm zu Hilfe, und einer davon schoß den Keiler, der mit den Vorderläufen auf dem Mann stand, von diesem herunter. Er hatte dem Bedauernswerten mit einem Hieb das eine Bein vom Knöchel über Wade, Kniekehle und Schenkel bis dorthin, wo der Rücken seinen Namen verliert, aufgeschlitzt, so daß man teilweise Knochen und Sehnen sah. Nach monatelangem Krankenlager ist er langsam wieder genesen, konnte aber sein Bein nie mehr voll gebrauchen.

Was habe ich alles mit Treibern auszustehen gehabt, bis sie die Gefahr begriffen! Meine Waldarbeiter von Herrentierbach rannten einmal einem angeschweißten Keiler nach. Bis ich zur Stelle war, steckten sie tief in einer Fichtenkultur, wohin ich ihnen mit meinem Hund nacheilen mußte. Nur wütendes Geschrei und Geschimpfe von mir konnte sie endlich bewegen, von ihrem Vorhaben abzulassen. Die angesetzten Hunde stellten dann den Keiler, und er konnte den Fangschuß erhalten.

Aber die Treiber fühlten sich so beleidigt, daß sie auf der Stelle heimgehen wollten. Ich versammelte sie um mich herum und erzählte ihnen die Geschichte aus Pommern, was sie wieder zur Vernunft brachte.

Einmal überfuhr ich am hellichten Tag eine Sau. Auf dem Kleinkopfpflaster brauste ich mit meinem Wagen durch einen großen Wald. Um eine scharfe Kurve kommend, sehe ich vor mir auf kürzeste Entfernung ein starkes Schwein. Dieses wollte nicht und ich konnte nicht ausweichen. Mit blockierten Rädern überfuhr ich es regelrecht und schob es hinter der Stoßstange eingeklemmt ein Stück vor mir her. Dann gingen das rechte Vorder- sowie das Hinterrad mit einem gewaltigen Hopser über die Sau. Diese wurde hoch, schüttelte sich und trollte in den Wald, als ob ein so schwerer Wagen wie meiner mit Leichtigkeit zu ertragen wäre!

Um ein Haar hätte ich später noch einmal eine Sau überfahren. Ich kam abends von der Pirsch heim. Auf der Kaiserstraße an einer langgezogenen Rechtskurve nach abwärts kommt ein Schwein hochflüchtig von links aus dem Bestand und verschwindet hinter meinem Kühler. Trotz scharfen Bremsens hörte ich schon alles scheppern, da sehe ich zu meinem Glück die Sau unter dem rechten Kotflügel heraus den Straßengraben überfallen und in der Dickung verschwinden. Um Millimeter ist es diesmal gutgegangen. Aber ich hatte im Scheinwerferlicht den Eindruck, die Sau müsse ganz weiß sein.

Am nächsten Morgen pirschte ich in dieser Gegend umher und ging dabei in die Schwarze Lache, ein Feldstück, mitten im Wald gelegen. Dort wußte ich ein sehr gut stehendes Weizenfeld, wollte sehen, ob es der Anziehungspunkt für die weiße Sau ist. Der Acker sah trostlos aus, die Hälfte war verwüstet.

Am Vormittag stellte ich mit Müller einen Hochsitz auf, am Abend saß ich droben. Um halb acht meinte ich, ein sich näherndes Stück Wild zu hören. Auch die Amseln schimpften dauernd. Die Büchse hielt ich schon in der Hand, weil ich nur einen schmalen Wiesenstreifen zwischen Wald und Weizen als Schußfeld hatte.

Da sehe ich zu meiner Verblüffung die weiße Sau am Rand des Weizens von mir wegziehen. Sie muß direkt unter dem Hochsitz ausgetreten sein, ohne daß ich das geringste hörte. Ich hatte sie im Fernrohr, und als sie sich drehte, um in den Weizen zu verschwinden, kam ich gut ab. Auf den Schuß flog sie aus dem Weizen auf den Wiesenstreifen. Dort drehte sie sich dauernd im Kreis, genau wie die Sau in der Hegenest. Auf einmal flog sie mit einem Schnalzer in den Weizen, im nächsten Augenblick kam sie wieder herausgeflogen und drehte sich aufs neue im Kreis. Mein sofort abgegebener Schuß traf so glücklich, daß sie auf der Stelle verendete. Sie hatte einen Hochblattschuß, war ganz weiß, mit kurzen Borsten und ohne Unterwolle, sicher eine Kreuzung mit einem Hausschwein. Aber der Kopf des dreijährigen Keilers war wieder ganz Wildschwein.

Vor einigen Jahren rief mich ein Bauer an, ich solle doch heute noch unbedingt kommen, ein riesiger Keiler würde alle seine Muttersauen decken. Deshalb fuhr ich abends hin und hörte mir erst einmal seine Geschichte an. Am Abend vorher war er an die Hegenest gegangen, wo er am Waldrand eine große Schweinekoppel mit einem Freistall hatte. Da sah er zu seinem Erstauen mitten unter seinen Schweinen eine große schwarze Sau, die sich lustig am hellichten Tag mit seinen Mutterschweinen amüsierte. Er ergriff ein Stück Holz, um dem wilden Schwein Anstandsregeln beizubringen und es aus dem Kulturbereich in seine Wildnis zurückzuschicken, wohin es ja gehörte. Aber der Keiler unterbrach nur kurz den Beschlag, kam ganz langsam auf ihn zu und blies ihn widerwillig und unmißverständlich an, worauf der Bauer sich eiligst zurückzog, um die Auseinandersetzung lieber mir zu überlassen. Das einzig Richtige, das er tun konnte!

Ich saß zweihundert Meter weg vom Wald in guter Deckung und bei hervorragendem Wind bis zehn Uhr nachts. Aber der Galan kam nicht. Um elf Uhr schaute der Bauer aus dem Fenster, da stand der Keiler, vom eingeschalteten Licht hell beleuchtet, im Hof.

Ich bin eine Woche lang dort angesessen, doch er kam nicht mehr. Aber die jüngste Generation der so gepriesenen Schweinezucht des Hohenloher Landes führte ihn in ihrem Ahnennachweis.

Neben der Hegenest bevorzugten die Sauen das Stockholz. Als Folge großer Windbrüche enthielt der größte Teil des Distrikts Kulturen. Im Sommer hielten sich die Schwarzkittel ständig hier auf, im strengen Winter war es ihnen jedoch zu kalt, dann zogen sie in die Täler, wo sie Buchenwälder und mehr Sonne vorfanden. Wenn sich aber Sauen einstellten, dann standen meist stärkere Keiler dabei.

So hatte Jäger Schweiger einmal einen stärkeren Keiler in einer langen, aber sehr schmalen Kultur eingekreist. Schweiger stand hinten auf dem Einwechsel, Müller in der Mitte der rechten Flanke und ich vorn auf einem schmalen Abfuhrweg am linken Eck, damit ich das Stangenholz der linken Seite noch einsehen konnte. Als Müller zu dem verabredeten Zeitpunkt anblies, kam mir sofort der Keiler ganz gemütlich auf sechs Schritt. Die 8 x 57 JR aus meiner Doppelbüchse ließ ihn auf der Stelle verenden. Ein grobes Schwein mit guten Waffen. Den ganzen Rücken bedeckte eine mehrere Zentimeter dicke Eisschicht, an den Flanken hingen Eisklumpen.

Genau an derselben Stelle ging es später einmal bei einer Herbstjagd ganz dumm zu. Das Wetter war passabel, aber gegen Abend fing es zu regnen an.

Ich stand auf demselben Stand, diesmal retour. Nach dem Abblasen rollte ich meine Schützen auf und ging zur Front. Dort wird mir gemeldet, ein Schütze auf der anderen Seite habe nach dem Abblasen eine sehr starke Sau über den letzten Weg in diese schmale Kultur wechseln gesehen. Wir rannten alle auf unsere Stände zurück, auch die Treiber hatte ich mitgenommen.

An meinem Stand angelangt, rumpelt es, und der Keiler braust zwischen mir und der um die Ecke biegenden Treiberschar hindurch: Ich war gerade dabei, zwei Patronen mit Brennekegeschossen zu laden. Im Eifer schoß ich die erste Brenneke mitten auf eine Fichte. Dann beherrschte ich mich, wartete, bis der Keiler in einer Lücke erschien, und kam sehr gut ab. Er zeichnete stark und wurde sofort so langsam, daß die Treiber zu rennen anfingen, vermutlich, um ihn am Bürzel festzuhalten. Mein lautes Geschrei brachte sie zur Vernunft.

Ich schnallte meinen Hund, der den Keiler nach hundert Metern in der nächsten Dickung stellte. Als ich hineinging, bewegte sich der Standlaut weiter Richtung Kaiserstraße. Deshalb schickte ich die erreichbaren Herren dorthin, um dem Bassen den Weg abzuschneiden. Mit einem Male hetzte der Hund nach rechts, und dann herrschte Stille. Der Hund, der auf Sauen nie anhielt, kam zurück. Jetzt regnete es sehr und wurde dunkel, deshalb mußte die Nachsuche abgebrochen werden.

Am nächsten Morgen suchten wir weiter. Zuerst gab's etwas Schweiß, der alsbald ganz aufhörte. Wir suchten über die Kaiserstraße hinüber und in den ganz großen Dickungen im Dachsbau, einem besonders beliebten Aufenthalt für Sauen. Aber wir fanden nichts mehr.

Das war Anfang Dezember. Kurz vor Weihnachten kam ich im Stockholz zu den Waldarbeitern. Da erzählte mir der Oberholzhauer, er habe nebenan in Abteilung sieben nachgesehen, ob wieder Christbäume gestohlen würden. Dabei wäre er über ein starkes, verludertes Schwein gestolpert. Sofort ließ ich mich dorthin führen. Da liegt doch, bocksteif gefroren und nur am Kopf etwas angeschnitten, aber nach sechs Wochen unbrauchbar, mein Keiler mit abgezirkeltem Blattschuß. Die Brenneke hatte aber nicht durchgeschlagen. Er war also mit diesem Schuß um uns herum wieder in die Dickung zurückgewechselt, aus der wir ihn hochgemacht hatten. Ein gleichartiger Fall ist mir nicht bekannt geworden.

Nach einer Neuen hatte ich im Stockholz gefährtet und sieben Sauen in Abteilung sieben fest. Viel Schnee war gefallen und alles tief verhangen. Die Treiber hatten schon fünfmal hin- und zurückgetrieben und erklärten mir nun kategorisch, da steckten unmöglich Sauen. Ich müßte übersehen haben, daß sie ausgewechselt sind. Sie würden nicht mehr hineingehen. Da ich mir meiner Sache ganz sicher und der Trieb gut abgestellt war, fragte ich sie, ob sie mitgingen, wenn ich hineingehe und ihnen die Sauen zeige. Damit erklärten sie sich einverstanden. Ich ging vom Einwechsel die Fährten aus, die ich bis in die Mitte des Triebes gut halten konnte. Dann wurde es aber so dick, und es lag so viel Schnee, außerdem standen kreuz und quer Saufährten und Treiberspuren, daß sich eine Fährte unmöglich halten ließ. Ich wußte, daß dieses Dickicht nicht groß war und die Sauen aller Wahrscheinlichkeit nach noch hier steckten. Deshalb ging ich hinein, nahm meine Doppelbüchse, lud sie und feuerte schnell hintereinander zwei Schüsse in die Luft. Überall um uns herum staubte plötzlich der Schnee auf, und die Sauen schossen wie Raketen vor unseren Füßen unter den Fichten hervor. Den Spuren nach waren die Treiber bestimmt zehnmal auf keinen Meter zwischen den Sauen durchgelaufen.

Gleich darauf fielen mehrere Schüsse auf der rechten Flanke und vorne. Drei Sauen lagen, ein recht guter vierjähriger Keiler und zwei Überläufer.

Im Revier Heften holte ich einmal Förster Müller von seinem Hochsitz ab. Er winkte mir ganz aufgeregt zu und meinte, es kämen gleich neun Sauen, die einen langen Weg entlang auf ihn zugezogen wären. Ich pirschte vorsichtig bis zu einem Wegkreuz vor. Weil sie nicht zu sehen waren, beobachtete ich mehr den linken Weg. Plötzlich traten aus der Dickung auf etwa hundertzwanzig Meter ein Überläufer und eine stärkere Sau auf diesen Weg und zogen von mir weg. Ich verfolgte die stärkere im Fernrohr, und als sie sich breit drehte, schoß ich. Sie lag im Feuer und schlegelte, wurde aber wieder hoch und ging flüchtig in die Dickung zurück. Am Anschuß fand sich reichlich Schweiß. Wir fuhren heim, weil ich nachts prinzipiell nicht nachsuche. Am Morgen folgten wir dann der Schweißfährte, die leider bald ganz aufhörte. Zwei Tage suchten wir, ohne Erfolg. Bei der Treibjagd im November wurde dann das Skelett des Keilers gefunden, genau in der entgegengesetzten Richtung in der Dickung, aus der ihn Müller kommen gesehen hatte.

Ganz anders verhielt es sich, wenn ich bei Freunden auf Sauen jagte. Dort mieden mich die Schwarzkittel mit einer unbeschreiblichen Konsequenz. Es ist sogar vorgekommen, daß ich drei Jahre lang bei sämtlichen Saujagden, die ich mitmachte, keinen einzigen Schuß anbringen konnte. Das muß man sich einmal vorstellen!

Dieses Kapitel kann ich nicht schließen, ohne eines treuen und passionierten Beamten zu gedenken, den ich viele Jahre kannte und der bei einer Saujagd auf tragische Weise durch ein Stück Wild ums Leben kam.

Am 13. November 1972 nahm ich an einer Saujagd beim Fürsten zu Leiningen im Saupark Waldleiningen teil. Anwesend waren Prinz Philip von Edinburgh, König Constantin von Griechenland, König Michael von Rumänien sowie einige Verwandte und Freunde. Im ersten Trieb wurde ich mit einem anderen Gast in einem VW-Bus von Förster Mechler zu unseren Ständen gefahren. Er sagte noch zu dem uns anstellenden Kollegen, für unseren Rücktransport müsse dieser besorgt sein, weil er für die Jagd gar nicht eingeteilt sei, ja sogar vom Forstamt wegen einer gerade überstandenen Kieferoperation den Auftrag erhalten habe, um zehn Uhr beim Arzt zu sein. Diesen Trieb wolle er aber unbedingt mitgehen, dann fahre er gleich zum Arzt.

Wir standen auf einem Weg auf dem Rückwechsel, der begleitende Förster zwischen uns auf einem turmhohen Hochsitz. Die Treiber kamen von hinten und überrollten uns, dazwischen einige Förster, die den Trieb führten, und Mitglieder des Jagdterrierklubs aus Erbach, die jedes Jahr mittun durften, damit ihre Hunde an Sauen kommen. Hier sah ich Mechler zum letzten Mal.

Ich hatte zwei starke Sauen geschossen. Jetzt fielen viele Schüsse an der Front und rechts unten im Tal. Gespannt wartete ich auf weitere Sauen. Der Trieb, der zwei Stunden dauern sollte, war noch nicht zur Hälfte abgetrieben. Da höre ich den Förster auf dem Hochsitz mit einem Sprechfunkgerät ganz laut ein langes Gespräch führen, was eine eben vor mir auftauchende Sau sofort abdrehen ließ. Verärgert rief ich hinauf, ob etwas passiert sei. Er antwortete, es müsse jemand angeschossen worden sein. Er habe nur noch mitbekommen, daß der Fürst anordnete, sofort die Polizei und einen Krankenwagen anzufordern. Gleich darauf wurde abgeblasen.

Als wir beim Jagdhaus vorfuhren, sah ich kurz vor der Abzweigung auf der Straße einen Polizeiwagen, einen Krankenwagen und dahinter eine Bahre, auf der jemand lag, mit einem weißen Tuch zugedeckt. Ich suchte den Jagdherrn, den ich allein beim Jagdhaus fand. Er zog mich hinein und schloß die Tür. „Mechler ist tot." – „Welcher der beiden Brüder?" – „Der dich vorhin zum Stand gefahren hat. Was soll ich machen, wo die hohen Herren erst heute morgen von weit angereist sind? Ich muß die Jagd abbrechen." – „Ja, du mußt die Jagd abblasen lassen, und zwar sofort." – „Danke dir, mein alter Freund, das wollte ich bloß von dir hören."

Mechler hatte in der Dickung eine Abwurfstange eines guten Damschauflers gefunden. Auf dem nächsten Querweg suchte er den Vorsitzenden des Terrierklubs, dem er sie zeigen wollte. Dabei stieß er auf seinen Bruder, der ihn nach abwärts wies. Kaum war er einige Schritte weitergegangen, brach Rotwild zurück. Mechler sprang zur Seite, um dem Kahlwild auszuweichen, genau in die Bahn eines Hirsches, der ihn mit den Augsprossen mit voller Wucht am Kopf traf, so daß er mit einem Schädelbasisbruch zusammenbrach. Nach kurzer Zeit verschied er in den Armen seines Bruders.

Es war der dreizehnte, worauf ich gar nichts gebe. Aber der pflichtbewußte Mann ist buchstäblich in den Tod gelaufen. Als wir alle versammelt waren, widmete der Jagdherr in tiefer Trauer seinem treuen Mann die verdienten Abschiedsworte. Nach einigen Minuten des stillen Gedenkens erschollen Jagd vorbei und Halali. Ich habe in Dutzende nasse Augenpaare harter Männer gesehen, ob Jäger, Kollegen, Waldarbeiter oder Treiber.

ALBRECHT FÜRST ZU HOHENLOHE-JAGSTBERG *(1906–1996), als drittes von sechs Kindern auf Schloß Bartenstein nahe Niederstetten/ Württemberg geboren. Neben seinen Hobbys, der sportlichen Betätigung wie Autorennen, Segeln und Fischen, festigte sich seine Liebe zur freien Natur, wobei die Jagd an der Spitze seines Lebens stand.*

Nach dem Krieg galt sein ganzer Einsatz dem Wiederaufbau der schwer zerstörten Stadt Niederstetten sowie des Jagdwesens als Kreisjägermeister des Kreises Bad Mergentheim. Bald darauf eröffnete er in Niederstetten sein eigenes Jagdmuseum.

Hermann Löns

Vor dem Uhu

Jeden Morgen, bevor ich zum Frühstück gehe, mache ich meinem Freunde Hans einen Besuch und bringe ihm mit, was ich ihm geschossen habe, eine Krähe, einen Häher oder eine Eichkatze, und schon von weitem begrüßt er mich mit einem zärtlichen: „Uuhu, uuhu!"

Gestern bekam er etwas ganz Feines. Als ich unter dem Holze herschlich, sah ich zwei Krähen, die sich bei einem Brombeerbusche zu schaffen machten, und als ich hinging, fand ich zwei totgehackte Junghäschen dort liegen und nahm sie für den Uhu mit.

Ich mag Krähen gern leiden, wie alles, was da keucht und fleucht. Sie sehen so schön aus auf der grünen Saat oder unter dem angeröteten Abendhimmel, wenn sie laut quarrend ihren Schlafbäumen zustreichen. Aber es sind ihrer zu viel in dieser Jagd, und mehr als eine Untat, wie die gestrige, haben sie auf dem Gewissen. „Komm, Hans! Du sollst mir helfen, sie dafür zu strafen."

Erst sträubt er sich zwar ein wenig, wie er in die Kiepe soll, aber schließlich schlüpft er doch hinein. Ich hänge den Tragkorb über und gehe dem Felde zu. Es wird schön heute werden; die Luft ist weich und warm, und nur einige weiße Wolken sind zu sehen. Es ist gerade das Wetter, wie ich es für die Hüttenjagd nötig habe.

Die Hütte ist ein winziger alter Steinbruch, mit Brettern zugedeckt, worauf Rasen gelegt ist, der mit Schotter beworfen ist. Die schmale Tür ist mit Schlehdorn benagelt und oben halbmondförmig ausgeschnitten. Vor ihr steht die Krakel, eine jüngere Eiche, die der Förster der meisten Äste beraubte.

Ich hole den Uhu aus der Kiepe, hake die Führung in den Ring der Fußfessel und juche den Hüttenvogel an. Mit kurzem Aufschwung fußt er auf dem Trittholze. Schnell ist die Führung durch die Glasringe der Jule und die anderen, die an eingerammten Pfählen am Boden befestigt sind, geleitet, und nun sitze ich in der Hütte und warte, was da kommen soll. Den gespannten Drilling habe ich in den Fäusten, die Flobertbüchse steht in Greifnähe neben mir, und der Handgriff der Führung hängt vor mir aus dem Loch in der Tür. Langeweile werde ich nicht bekommen, denn ich habe einen wunderschönen Ausblick über die bunten Hügel, deren höchster eine zerfallene Burg trägt, und hinter ihnen erheben sich die blauen Berge.

Der Auf ist heute faul; entweder hat er nicht ausgeschlafen, oder die beiden Junghasen und die Krähe von gestern müssen noch verdaut werden. Rund aufgeplustert blockt er da und scheint Lust zu haben, weiterzuschlafen. Ich lasse den Wutschrei der Krähe ertönen; sofort reißt er die Augen auf, macht sich lang und knappt mit dem Schnabel. Ganz hinten, vor der Ruine, kommen zwei Krähen angestrichen. Ich rucke an der Führung; Hans spreizt die Schwingen, um sich im Gleichgewichte zu halten, und wackelt hin und her. Die Krähen machen einen Bogen und rudern näher, gellend, plärrend. Hans dreht sich um, lüftet die Flügel, äugt ihnen scharf entgegen und ruft ihnen hohl sein „Uuhu" zu, sich etwas duckend, wie sie noch giftiger quarrend auf ihn loshassen. Die eine fällt im Feuer wie ein nasser Lappen herunter und rührt sich nicht mehr, die andere ist geflügelt und flattert am Boden umher. Mit dem Flobert gebe ich ihr den Rest.

Das schlumpte; hoffentlich geht es auch so weiter! Aber ein Sperberweibchen streicht vorbei, ohne sich um den Dickkopf zu kümmern, und der Turmfalke, der plötzlich über dem Uhu rüttelt und durchdringend kickert, bleibt mit dem Schusse verschont, der reizende Mäusejäger und Maikäfervertilger. Sogar Hans scheint das zu wissen; er wirft ihm kaum einen Blick zu. Auch der Raubwürger, der erst ein Weilchen über ihm herumflattert und dann auf der Krakel fußt und ihn ankreischt, soll leben bleiben. Er ist so hübsch und nützt viel mehr, als er schadet, und dann wird er mir die Krähen heranlocken. Da quarrt es schon heran, und bumms, hat Hans einen Stoß weg. Unwillig schüttelt er den Kopf und knappt und faucht, und befriedigt äugt er nach der Krähe hin, die dicht vor ihm in den Schotter plumpst. Die andere fehlte ich leider.

Hans glotzt lange nach der Krähe hin; dann läßt er sich zu Boden fallen, greift sie und schwingt sich mit ihr wieder auf, um sie erst zu rupfen und dann langsam und bedächtig zu kröpfen. Doch kaum ist er damit zur Hälfte fertig, da macht er sich ganz lang und dünn und äugt in die Weite. Es wird der Bussard sein, denn naht der Habicht, so fängt der Uhu an zu trippeln und spreizt die Fittiche. Der Gabelweih ist es; zweimal haßt er auf Hans, dann schaukelt er weiter, der herrliche Flieger, der fast ausgerottet ist bei uns zulande, obschon er so schön ist und fast nur von Mäusen und anderem Unzeuge lebt. Kaum ist er in der Ferne verschwunden, da krächzt es wieder, und vier Krähen sausen in wildem Wirbel an dem Uhu vorbei, der ärgerlich faucht, weil er beim Kröpfen gestört wird. Mir gelingt ein Doppelschuß. Aber die übriggebliebenen Krähen gehören entweder zu der ganz dummen oder der ganz frechen Art, denn sie fußen auf der Krakel und schreien von da aus Mordio. Es knallt noch zweimal, und auch mit ihnen ist es aus.

Nun will aber auch gar nichts mehr vorkommen. Endlich erscheint eine Krähe, macht aber einen großen Bogen, so wie sie den Auf eräugt; entweder ist es die, bei der ich vorhin vorbeischoß, oder sie hat anderswo schon schlechte Erfahrungen mit dem Dickkopf gemacht. Ich warte und warte, habe aber eine Stunde lang nicht den geringsten Anblick. Schließlich fußt ein brauner Bussard auf der Krakel, eräugt den Uhu und schwebt davon. Nach einer Weile streicht ein zweiter, hell gefärbter, heran, kreist einmal über dem Auf und verschwindet ebenfalls. Beide waren leicht herunterzuholen, aber wer einen Bussard schießt, der beweist damit, daß er nicht weiß, daß dieser Raubvogel sich fast nur von Mäusen nährt. So warte ich wieder und warte und warte. Der Himmel bezieht sich immer mehr; die Luft wird grau und unsichtig. Das beste ist, ich gehe zur Försterei. Aber ob ich dort herumsitze oder hier passe, das ist schließlich ganz gleich. Und hier habe ich doch immerhin allerlei zu sehen, die beiden Hasen auf dem Kleestücke, den Fasanenhahn am Grabenbord, und jetzt fällt auch ein Feldhühnerpaar auf der Luzerne ein und rennt eilig hin und her, voran geduckt die

Henne, hinterdrein, hoch aufgerichtet und ab und zu herrisch rufend, der Hahn.

Ich sehe mit dem Glase bald hier-, bald dorthin, lausche dem Trillern der Lerche und dem wehmütig süßen Singen des Goldammerhahnes, der auf dem Schlehdorn da unten sitzt, höre die Stieglitze vorbeizwitschern und die Hänflinge locken, freue mich über das Bachstelzenmännchen, das auf die verliebteste Weise um sein Weibchen herumtanzt, und lasse Hans, der eine Krähe bis auf einen Rest herunter hat, ruhig in sich hineindämmern. Immer dichter wird die Luft, und sie fängt an, nach Regen zu schmecken. Aber ich habe ja den Mantel mit und keinen weiten Weg und noch sehr viel Zeit bis zum Mittag. So mache ich es wie Hans, falle in mich zusammen und dämmere mit kleinen Augen in mich hinein, bis ein großer Raubvogel da hinten über den Hügeln meine Augen größer macht. Auch der Uhu äugte nach ihm hin, sinkt nun aber wieder in sich zusammen. „Willst du wohl aufpassen, fauler Kerl!" Ich rucke an der Führung, aber Hans kümmert sich nicht um den Raubvogel und schüttelt sich unwillig. Und dabei, ja, ich glaube, es ist wahrhaftig ein Adler. Das Herz klopft mir, und fester fasse ich den Dreilauf, und dann sage ich zu meiner Gier: „Kusch dich!" Einen Adler, den möchte ich wohl wieder einmal schießen, aber ich will es nicht. Zu selten wurden die edlen Räuber, und wer weiß, ob nicht bald in Deutschlands Gauen Deutschlands Wappentier verschwunden ist, ausgerottet ganz und gar.

Aber was ist das nur mit Hans? Der tut so, als ginge ihn der Adler nichts an, und er weiß doch, kommt der über ihn, so geht es um Leben oder Tod. Gerade will ich ihn wieder anrucken, da fühle ich, wie mir das Blut in das Gesicht schießt. Ein Glück, daß ich keinen Zuschauer habe, denn ich schäme mich scheußlich, und mir ist zumute, als grinse der Uhu teuflisch. Denn das dahinten ist kein Adler, weder ein Steinadler noch ein Seeadler ist es und auch kein Fischadler und noch nicht einmal ein Schreiadler; es ist auch kein Weih und kein Habicht und kein Bussard, ist kein Wanderfalk, kein Sperber und kein Turmfalk;

ist auch keine Krähe, sondern ein Drachenflieger; deutlich höre ich den Antrieb donnern.

Ich kratze mich hinter den Ohren und entspanne die Waffe. „Komm Hans, wollen nach Hause! Und daß du davon nichts erzählst, sonst ist es aus mit unserer Freundschaft."

HERMANN LÖNS (1866–1914) studierte Medizin und Mathematik, war dann – meist in Hannover und Bückeburg – als Schriftsteller tätig und führte zuletzt als freier Schriftsteller ein unstetes Leben. Obwohl außerhalb Niedersachsens geboren, ist Löns der Dichter der niedersächsischen Heide geworden, deren Pflanzen- und Tierleben er mit naturwissenschaftlich geschultem Blick durchforschte. Seine Tiergeschichten gehören zu den besten ihrer Art. Er fiel im Ersten Weltkrieg als Freiwilliger in Reims.

Walter Magometschnigg

Drei Böcke und drei Hirsche

Ich habe es mit der heiligen Dreizahl. So auch im letzten Jagd-
jahr. Drei Rehböcke warf mir die launische Diana gleichsam im
Vorübergehen in den Schoß, ließ sie mir ohne die geringste
Anstrengung jeweils auf der ersten Pirsch zur Beute werden.
Die drei Hirsche kosteten Schweiß, Mühen und viele Plagen,
um mir dann sozusagen zwischen „Lipp und Kelchesrand"
durch die Lappen zu gehen und fast unmittelbar darauf von
einem anderen mühelos gestreckt zu werden.

Zum Troste derer, denen es ähnlich ergangen ist und die
gleich mir dazu noch ein gerüttelt Maß an Spott einstecken
mußten, will ich davon berichten:

Das Jahr hat seinen längsten Tag überschritten, ich bin auf
dem Nachhauseweg von einer ausgedehnten Morgenpirsch.
Irgendwo an der Bergstraße habe ich den Wagen abgestellt,
sitze am oberen Rand eines Schlages und suche mit dem Glas
den Talboden ab. Sattgrüne Wiesen mit den für unser Tal so
typischen Heuschupfen, die erlengesäumten Ufer der Möll und
da und dort, wie rotbraun hingetupft, Rehe, deren Decken in
der Morgensonne leuchten. Ich hole das Spektiv aus dem Rucksack, schaue sie mir näher an. Zwei davon sind Böcke.
Vielleicht paßt einer, also nichts wie hinunter. Bevor ich in den
Wagen steige noch ein kurzer Blick auf den Schlag vor mir.
Halt, der rote Fleck dort drüben war vorher noch nicht da. Es
ist ein Reh. Stocksteif verhofft es, mit waagrecht ausgestrecktem
Träger. Mich kann es doch nicht wahrgenommen haben?!
Vorsichtig lege ich das Spektiv am Wagendach auf. Die dreißig-
fache Vergrößerung bringt das Stück zum Greifen nahe. Es ist
schwach und ruppig. Zwei kaum erkennbare Schöpfchen zwischen den Lauschern zeigen „Knopfer". Immer noch verharrt er
in seiner grotesken Haltung. Mit dem stimmt irgend etwas nicht.
Ich pirsche vor, auf etwa achtzig Gänge. Der Bock hat sich nicht
gerührt. An einem Erlenstämmchen streiche ich an. Im Feuer
dreht es ihn um, er kollert ein Stück ab und liegt. Ich gehe zum

Anschuß genau in der Richtung, in welche er so angestrengt verhofft hat, kann aber nichts entdecken, was seine Aufmerksamkeit hätte so erregt haben können. Er bekommt seinen letzten Bissen, ich stecke mir einen Bruch an den Hut. Vor der roten Arbeit halte ich ihm gedankenvoll Totenwacht. Was mag er wohl gehabt haben?

Zu Hause, beim Kappen des Hauptes, finde ich des Rätsels Lösung. Dick und eklig quillt es mir aus dem Schlund entgegen. Rachenbremsen, mehr als dreißig. Das arme Tier hatte offenbar nur mehr mit gerade ausgestrecktem Träger atmen können. Nun freut es mich doppelt, daß mein Schuß der Qual ein Ende gemacht hat. Wie sehr das Stück schon gelitten haben mußte, zeigt die Waage. Es wiegt nicht einmal neun Kilo, so abgekommen ist es.

Landesjägertag! Der ganze Morgen und Vormittag waren ausgefüllt mit Berichten, hitzigen Diskussionen und mehr oder weniger schwer erkämpften Beschlüssen. Zu allem Überdruß hatte es die ganze Zeit in Strömen geregnet. Ich wollte am liebsten gleich nach Hause, aber meine Frau überredete mich: „Wenn du schon einmal da bist, warum fährst du nicht wenigstens auf ein paar Stunden ins Revier?" Und nun saß ich da, hatte mich vor dem Regen in einem Holzschuppen verkrochen. Grün in Grau fingen meine Augen ein, tief hingen die Wolken, zogen über das Rosental, verfingen sich in den Karawanken, wallten wieder zurück. Da und dort schwebte, fetzenhaft zerfasert, die Nebelgestalt einer „Regenhexe" die Hänge entlang. Ich lehnte mich zurück und war auch schon eingeschlafen. Plötzlich schreckte ich auf. Das einschläfernde Rauschen hatte aufgehört, die eintretende Stille mich geweckt. Leise und vorsichtig rutschte ich aus meinem harten Lager, schaute in die Mulde unter dem Schupfen. Zuerst glaubte ich, nicht richtig zu sehen oder noch zu träumen, denn das, was da unten mitten zwischen den Obstbäumen stand, war unzweifelhaft ein Gams. Ich rieb mir die Augen, kniff mich in die Wange, schaute noch einmal. Der Gams war immer noch da, vertraut und völlig unbekümmert um den Wirtschaftslärm vom nahen Bauernhof stieg er im Obstgarten herum, äste, pflückte ein paar Äpfel von einem tiefhängenden Ast und zog langsam auf den Waldrand zu. Ich hatte inzwischen mein Spektiv ausgepackt und sprach ihn genau an. Ein Zukunftsbock wie aus dem Bilderbuch. Vier- bis fünfjährig, mit starken, weit ausgelegten Krucken und mindestens dreißig Kilo im Wildbret. Ich schaute ihm zu, wie er ohne Eile den gegenüberliegenden Hang hinaufstieg und zwischen den lichten Buchenstämmen verschwand. Noch ganz verwirrt von dem unerwarteten Anblick hätte ich fast ein Reh übersehen, das den gleichen Wechsel in die Mulde heraufzog wie vorher der Gams. Diesmal brauchte ich kein Spektiv, das Jagdglas genügte. Bock, drei, vier Jahre alt, nichts Aufregendes auf dem Haupt. Eigentlich hatte ich ja einen Einser frei, die ganze Brunft lag noch vor mir, aber der Spatz in der Hand ...

Ich schob meine „Ferlacherin" über eine der paar Stangen, die da am Boden lagen, nahm den Hut als weiche Unterlage. Daß er dabei naß und zerknautscht wurde, machte nichts aus. In seinem langen Dienst hatte er solche Unbill schon des öfteren mitgemacht, war grau und unscheinbar, mir aber mit den Jahren immer lieber und teurer geworden. Verstehe einer die Jägerseele.

Ziemlich steil hinunter war es bis zum Bock. Jetzt drehte er sich, stand breit, der Punkt vom Fadenkreuz auf seinem Blatt. Schuß – Hochflucht – rasendes Flüchten den Hang hinunter, durch den Hohlweg, auf der anderen Seite wieder hinauf. Hoffentlich geht er nicht zu weit, gleich oben am Grat ist die Grenze. Nein, die Sprünge wurden immer kürzer, unregelmäßiger, er stürzte drunter und drüber und wieder zurück. An einem Buchenstämmchen verfing er sich, blieb liegen. Einige Minuten wartete ich noch, dann ging ich hinunter. Vom Anschuß weg eine breite Bahn geschüttet Schweiß. Den Schuß hatte er tief Blatt, knapp hinter dem Laufansatz war die ganze Kammer aufgerissen. Letzter Bissen, Bruch, ein paar Augenblicke stillen Nachdenkens.

Auf dem Heimweg begann es wieder zu regnen.

Wieder am Pfaffenberg. Seit zwei Tagen war auch in unserer Jagd der Einserbock frei. Den einen oder anderen „Guten" hatte ich im Laufe des Frühjahrs und des beginnenden Sommers wohl schon ausfindig gemacht, nun aber wurde es ernst. Die Brunft war fast schon am Ausklingen, höchstens ein paar Tage noch, dann waren die Böcke für eine Weile verschwunden, wurden klammheimlich, um sich von den ausgestandenen Strapazen auszuruhen und wieder Feist anzusetzen für den Winter, der bei uns doch jedes Jahr ziemlich hart wurde.

Bereits gestern war ich heraufgefahren, zum letzten Bauern ober dem Schloßgraben, vorbei an der Märchenburg Falkenstein, die nun aus der Wegkehre tief unten wieder auftauchte, bildhaft umrahmt vom weit geschwungenen Bogen der neuen Eisenbahnbrücke. Vorbei an der Ruine Oberfalkenstein, einst stolzer Herrensitz, das Mölltal beherrschend, von dem heute nur mehr einige Mauerreste und das kleine Burgkirchlein an die einstige Herrlichkeit erinnern. Unter dem Bauernhof in der Straßenkehre hatte ich den Wagen stehengelassen, zwischen den Haselstauden einen geschützten Platz mit guter Aussicht auf eine steile Wiese und den Hang über dem Graben gefunden und war dann dagesessen, hatte geschaut und gelauscht. Die Sonne verschwand gerade hinter dem Berg in meinem Rücken, und ihre letzten Strahlen schienen fächerförmig den Graben abzudecken, warfen helle Lichter auf den Gegenhang. Und dort, auf einer kleinen Wiese ober den Felsen trat auch ein Bock aus. Rostrot brannte seine Decke, im Glas war deutlich eine starke Krone zu sehen, doch mein Herz hatte trotzdem keinen Schlag schneller geschlagen. Jung war er und gut, doch selbst wenn er schußbar gewesen wäre, unerreichbar für meine Büchse genoß er seine Sicherheit, stieg auf dem kleinen Grasfleck umher, äste, kratzte sich ausgiebig und begann einen Lärchenschößling zu fegen, daß Nadeln und Rindenfetzen nur so flogen.

Bei mir herüben blieb alles ruhig, und mit dem schwindenden Büchsenlicht stieg ich auch wieder zu meinem Wagen zurück und fuhr nach Hause.

Heute früh aber war ich schon vor Tag und Tau bei der Straßenkehre gewesen, saß wieder an. Aus dem Graben wehte ein frischer Wind und ließ mich fröstelnd die Knöpfe meiner Jacke schließen. Ein Käuzchen schrie unmittelbar über meinem Kopf sein „komm mit" und strich, offensichtlich zufrieden mit dem Erfolg, mich gründlich erschreckt zu haben, lautlos gleitend in das Dunkel des Grabens. Nach und nach wurde es Tag, und ich konnte, wenn auch noch undeutlich, die Schatten der Burgruine erkennen.

Ich träumte vor mich hin, dachte, wie wohl das Leben dort unten gewesen sein mochte, als noch Menschen die Burg bewohnt hatten, als prunkvolle Turniere und rauschende Feste gefeiert worden waren, meinte fast, noch die Stimme des Minnesängers zu hören, als mit knirschenden Reifen ein Wagen hinter mir bremste und roh meine Stimmung zerstörte. Freundlich lachend schaute der junge Besitzer des Bauernhofes aus dem Seitenfenster, winkte mich hinauf. „Was tuan's denn da herunten, Herr Dokta, ober unser'm Stadl stehn die Reh zan hernehman!"

Das ließ ich mir nun nicht zweimal sagen, winkte dankend zurück, erwischte meine Klamotten und marschierte eilends hinauf, „hinter'n Stadl". Da waren sie wirklich zum Hernehmen, drei Rehe ästen am Rand der steilen Wiese, zwei Geißen und ein Bock. Ein kurzer Blick durch das Glas genügte. Der kurze, starke Träger, das eisgraue, fahl wirkende Gesicht, die knuffigen, nicht allzu hohen Stangen, der deutliche Widerrist und der wuchtige, fast ein bißchen zu kurz wirkende Körper wiesen auf einen „alten", einen für unser Gebiet typischen Einserbock hin. Im Feuer stürzte er herunter und ersparte mir den halben Weg den Steilhang hinauf.

Die Bäuerin kam aus dem Haus und bot erfreut Weidmannsheil. „Jetzt ham mir hoffentlich für a Zeit Ruah von den Luadan, de ham uns die ganz'n Strankalan aufg'fressn", erklärte sie auf mein wohl etwas verblüfft wirkendes Weidmannsdank. Jägerbrauch und rote Arbeit wurden geübt, und dann gab es noch eine besonders gute Jause im Bauernhaus als Dank für den

Bock, der nun mausetot an meinem Wagen hing und der Bäuerin keinen Schaden im Garten mehr machen konnte.

Schon im Sommer hatte mich ein Bauer vom Grafenberg, nur einige Kilometer von Obervellach entfernt, auf einen Brunfthirsch eingeladen. Die Sache hatte allerdings einen Haken. Wir mußten den Hirsch spätestens bis zum dreißigsten September erlegt haben, denn ab erstem Oktober durften in dem Revier keine Jagdgäste geführt werden, da die bis dahin noch nicht geschossenen Hirsche dann für alle Mitglieder der Jagdgesellschaft frei waren. Dafür aber durfte es bis dahin auch ein Ia sein.

Gegen Ende der Feistzeit begannen wir mit unseren Pirschen und Ansitzen. Wann immer ich frei hatte, fuhr ich die kurze Strecke bis zur Wegkehre unter dem Besitz meines Gastgebers, stieg dann die zwanzig Minuten bis zu seinem Hof auf, der mit einem Auto auch heute noch nicht erreichbar ist. Von dort hatten wir einen eher gemütlichen Fußmarsch entlang der zu Recht vielbesungenen „Sunnaseitn" des Mölltales, dann ein Stück durch altes Stangenholz zu einer versteckten Waldwiese, auf der sonst meist schon am frühen Nachmittag Hochwild austrat. Offenbar aber hatten die Hirsche etwas gegen mich, denn mindestens acht- oder neunmal saßen wir dort an, zu allen Tageszeiten, aber nicht einmal ein rotes Haar war zu sehen.

Dann, am siebenundzwanzigsten September, erwartete mich mein Gastgeber schon auf der Straße herunten. Diesmal wollte er es mit mir woanders versuchen. Ein Stück noch brachte uns mein Wagen bergauf, dann mußten wieder die Beine, das älteste Fortbewegungsmittel, heran. Eine Dreiviertelstunde pirschten wir durch die Finsternis, hörten da und dort Hirsche melden, es schien ein guter Brunftmorgen zu werden. Das letzte Stück des Weges wurde ziemlich grob. Der Steig war schmal, links wuchteten steile Wände, rechts ging es beinahe senkrecht hinunter. In völligem Schweigen stapften wir dahin, ich Fuß an Fuß mit meinem Anführer. Da, Steineln, ein erboster Pfiff, und knapp vor uns setzte ein Gams über den Weg, verschwand zwischen den Felsen. Mein Begleiter drängte zur Eile, es sei nicht mehr weit, meinte er. Und da hörte der Steig auch schon ganz auf. Ein ziemlich steiler, felsendurchsetzter Schlag breitete sich vor uns aus. Hinter einem Windwurf schoben wir uns ein. So nach und nach zogen die Nebel auf, wir konnten bis ins Tal hinunter sehen. Da – „ööööhh, öööaaahhh", ganz in der Nähe meldete ein Hirsch. Richtig sehnsüchtig klang es. Eine grobe Stimme antwortete ihm wütend. Der Jüngere verschwieg. Offenbar hatte er mit dem Besitzer der Stimme seine Erfahrungen.

„Der is gar nit weit", flüsterte mein Begleiter, nahm die Muschel. „Öööhhh, öööaaahhh!!!" Eine Zeitlang rührte sich überhaupt nichts. Dann aber fuhr ich zusammen, denn rasende Wut dröhnte aus der Antwort, laut krachte es durchs Holz. „Richtens Ihnen, der is jetzt glei heraußen, das is a Kapitaler", flüsterte es aufgeregt neben mir. „Wenn i Ihnen anstoß, müaß'ns schieß'n, sonst is er womöglich wieder weg!" Ich „richtete mich", schob meine Mauser über den Wurzelstucken, den Mantel als Unterlage. Im Zielfernrohr faßte ich eine Bewegung. Ich strengte meine Augen an, aber was da auf den Schlag zog, war beileibe kein „Kapitaler". Genau gegenüber dem Hirsch mit dem groben Baß kamen sie heraus: Tier, Kalb, ein ganz junger Achter und ein Spießhirschl, kaum zwei Handbreit auf. Ich fuhr mit dem Spießer mit. „Soll ich?" – „Na, Sie schiaßen den Kapitalen, den möcht i Ihnen vergunnen. Wart ma noch a bißl."

Aber auf einmal riß es das Tier herum. Ich sah noch, wie es den Wind gegen uns herauf „siebte", dann polterte die ganze Gesellschaft hochflüchtig in die Dickung, nahm den Kapitalen mit. Bis zum hellen Vormittag blieben wir sitzen, es rührte sich aber nichts mehr. Schade, das war für heuer der letzte Versuch gewesen. Vielleicht würde es das nächste Jahr etwas. Die Einladung wurde gleich ausgesprochen und mit Dank angenommen.

Ein paar Tage später rief mich der Obmann der Jagdgesellschaft an. Wenn ich den Hirsch sehen wolle, den ich hätte schießen sollen, möge ich gleich kommen. Bei ihm im Hof läge er. Der Hans, mein Gastgeber und Pirschführer, habe ihn heute erlegt. Ich ließ alles liegen und stehen und brauste hin. Über-

glücklich saß da der Hans bei einem wirklich kapitalen Kronen-
zwölfer, den er genau auf dem Schlag, wo wir das letzte Mal
gesessen waren, mit dem Ruf auf knapp sechzig Gänge heran-
geholt und mit sauberem Blattschuß erlegt hatte. Es wurde
ziemlich feucht, bis das Erlebnis genügend erzählt und gewür-
digt worden war.

In unserem Revier am Pfaffenberg, in der sogenannten Schatt-
seiten, schrien noch die Hirsche. Mit einem Kameraden aus der
Jagdgesellschaft saßen wir heute zum x-ten Mal an. Mein Sitz
war auf einer Fichte, auf einem kleinen „Boden" mitten im lichten Stangenholz. Vor mir lag eine geschützte Mulde, links dehn-
te sich ein Kahlschlag, mit reichlich Farnkraut und Himbeer-
stauden verwachsen. Kein Laut war zu hören, sogar der Wind
schien eingeschlafen. Langsam wurde es heller, gleich würde
das Schußlicht reichen. In der Mulde vor mir knackte laut ein
Ast unter einem schweren Tritt. Da war Rotwild. Mit den hohlen Händen vor dem Mund versuchte ich einen kurzen, faulen
Trenzer. „Öööhhh", kam gereizt Antwort. Auf der Hochsitzbrü-
stung legte ich auf, forderte ihn mit einem kurzen „Öh!" noch
einmal heraus. Und da krachte er schon durch die Stauden.
Stichgerade kam er auf den Sitz zu. Im Zielfernrohr konnte ich
ihn ganz gut ansprechen. Achter, nicht mehr ganz jung, der
paßte. Wenn er sich nur ein kleines bißchen drehen, nur ein
kleines Stück von seinem Blatt herzeigen würde. Gereizt trat er
da unten herum, ließ einen mürrischen Trenzer hören. Ich zitterte vor Aufregung, rutschte auf dem Sitz hin und her, um vielleicht doch eine etwas bessere Schußposition zu finden, vergebens. Der Hirsch blieb die ganze Zeit gut gedeckt.
   Und dann kam von weiter unten das Mahnen eines Tieres,
gleich darauf abgehackt ein Sprengruf. Das war dem „Meinen"
nun doch zu viel der Frechheit. Er riß sein Haupt hoch, dröh-
nend und voller Wut schrie er hinunter, drehte auf den Hinter-
läufen und sprang ab, dem Nebenbuhler entgegen. Für mich war
die Gelegenheit vorbei. Eine Weile noch lauschte ich dem Kon-
zert der beiden Rivalen, dann baumte ich ab und ging zu Tal.

Am nächsten Tag kam ich nicht aus der Kanzlei weg, wichtige Termine hielten mich dort fest. Und am Abend kam mein Jagdkamerad und brachte das Haupt des Achters zum Anschauen. Er hatte ihn in der Früh von dem Sitz aus geschossen, auf dem ich den Tag zuvor vergebens gezappelt und gebangt hatte.

Und weil aller guten – und wohl auch schlechten – Dinge drei sein müssen, zum dritten Hirsch in diesem Herbst.
Ich war oben auf der Alm, war auf einen starken Hirsch angesessen, der angeblich dem Bauern jeden Morgen beim Stallgehen begegnete. Ausgerechnet heute glänzte er durch Abwesenheit. Ziemlich verdrossen war ich noch vor rechtem Schußlicht in den Wagen gestiegen und talabwärts gefahren. Was mich bewog, gerade an diesem Morgen an genau dieser Kehre stehenzubleiben, kann ich nicht sagen. Ich ließ die Scheinwerfer aufgeblendet und den Motor laufen und trat, nur mit dem Doppelglas bewaffnet, an den Rand der Wegböschung. Der Anblick ließ mich erstarren. Etwa fünfzig Schritt da unten, vollkommen frei auf einer Wiese, standen Tier, Kalb, Schmaltier und ein Hirsch. Aber was für einer! Stark und feist wie ein Jungrind, auf dem wuchtigen und breiten Träger ein Haupt mit einem kapitalen Zwölfergeweih. Hastig kroch ich zum Wagen zurück, ließ alles, wie es war – das Abstellen des Motors hätte die Gesellschaft nur verscheucht –, riß die Mauser vom Sitz, robbte wieder an die Böschung und versuchte, auf den Hirsch zusammenzukommen. Beim Kauf der Waffe hatte ich es aus irgendeiner Sentimentalität heraus nicht fertiggebracht, das alte Voigtländerzielfernrohr, das im Stil so gut dazupaßte, auszutauschen. Nun bekam ich die Rechnung präsentiert. Das Glas war so lichtschwach, daß ich keines der Stücke ins Fadenkreuz bringen konnte. Wie ein Verrückter versuchte ich alles mögliche, nahm sogar das Glas herunter, aber auch Kimme und Korn ließen sich nicht zusammenbringen. Im scharfen Doppelglas sah ich alles ganz deutlich, konnte jedes der weißblitzenden Enden auf dem Haupt des Hirsches genau ansprechen, das Zielfernrohr zeigte nur Braun in Braun.

Letzten Endes aber dürfte das Leittier doch etwas von meinen Aktivitäten bemerkt haben, es nahm den Äser hoch und drehte die Lauscher zu mir herauf. Dann sprang es mit einigen eleganten Fluchten – beinahe gemütlich könnte man es nennen – zwischen die nahen Junglärchen. Das Rudel und der Hirsch folgten.

Am Abend saß ich mit einer anderen Waffe über zwei Stunden lang an, ohne jeden Erfolg.

Den nächsten Tag war ich wieder verhindert. Meine Schwester heiratete. Dabei fand gerade an diesem Tag, in demselben Gebiet, wo ich den guten Hirsch gesehen hatte, der Hubertusriegler unserer Jagdgesellschaft statt. Und genauso, wie ich es schon vorher prophezeit hatte, gleich im ersten Trieb, kam der Kapitale einem der Jagdgäste aus Niederösterreich auf Steinwurfweite und wurde mit gutem Schuß gestreckt. Als ich von der Hochzeit zurückkam, war der Hirsch gerade vor dem Gasthaus, in welchem die Niederösterreicher wohnten, zur Strecke gelegt worden. Im ersten Augenblick dachte ich, mir würde wohl diesmal das Weidmannsheil nicht ganz so glatt über die Lippen gehen, als ich aber sah, mit welcher Freude und Bewegung der Schütze seiner Beute immer wieder über das krause Haupt strich, kam es doch aus vollem Herzen.

Ich selber brauchte natürlich nicht für ein reichliches Maß an gutmütigem Spott zu sorgen, für meine Patzerei und mein Weidmannspech, als wir nach der Hubertusfeier zusammensaßen und mir das Ereignis in allen Einzelheiten noch einmal berichtet wurde. Es kann eben nicht jeder Jagdtag ein Fangtag sein und nicht jede Dreizahl eine gute.

Dr. Walter Magometschnigg *wurde am 14. Feber 1940 in Rothleiten/Stmk. geboren, übersiedelte aber bereits als Kind mit seinen Eltern nach Klagenfurt. Das Studium der Rechtswissenschaften absolvierte er in Wien.*

Nach seiner Tätigkeit in einer Notariatskanzlei in Klagenfurt wurde er 1973 zum Notar in Obervellach bestellt.

1965 legte Dr. Magometschnigg die Prüfung für die erste Jagdkarte ab, 1975 die Jagdaufseherprüfung. Seit 1979 hält er Vorbereitungskurse aus Jagdrecht. Im gleichen Jahr wurde er auch zum Disziplinaranwalt der Kärntner Jägerschaft ernannt, 1983 zum Prüfer für Naturschutz und Ökologie bei den Jungjägerprüfungen in Kärnten.

1972 begann Dr. Magometschnigg mit dem Schreiben jagdlicher Kurzgeschichten.

Philipp Graf Meran

Eine ungewöhnliche Dublette

Der Jänner war mild, und die Schneedecke schmolz dahin. Ein Tag war wie der andere, es gab kaum Niederschläge, die wenigen Wolken schienen am Himmel festgeschraubt. Doch die Natur ließ sich nicht täuschen. Die grauen Wiesen und die kahlen Bäume warteten unbewegt auf den Schnee.

Mitte Februar kam dann die weiße Pracht. An den Ästen hing es wie Kristallzucker, und auf den Zaunpfählen blockten die weißen Hauben. Mittags tropften die Eiszapfen, die Sonne brach durch, und bald kamen Lawinen von den Dächern mit dumpfem Getöse zu Boden. Von den Ästen troff es, auf den Wegen rann es, auf der Wiese schrumpfte der Schnee. Am Morgen hatte er eine Kruste, und es krachte, wenn die Rehe zur Fütterung kamen; hie und da sah man Schweiß in den Fährten. Doch zu Mittag war die Natur wieder vom Tropfen und Glucksen erfüllt, die Sonne brannte bis in den späten Nachmittag hinein, und am nächsten Tag war der Schnee schon löcherig.

Noch dreimal kam der Winter zurück, das letzte Mal am 13. März, sogar mit Sturm und Kälte. Doch seine Kraft schien zu erlahmen. Mitten im Eissturm waren kleine warme Böen zu verspüren, dann schlug der Wind völlig um, und aus dem Schneefall wurde Regen. Am 19. März waren die Südhänge durchwegs aper, und nur im Schatten der Gräben, im Hochwald und neben den Straßen hielt sich ein schmutzig-eisiger Rest.

Am 20. März war endlich der erste Kiebitz zu sehen, bis spät in den Vormittag hinein ruckste der Tauber. Starenflüge zogen am Himmel dahin. An diesem Tag hielt es mich nicht länger zu Hause.

Unweit des Dorfes Csákberény, dort bei den großen Gemüseplantagen und Erdbeerfeldern meines Vaters, war am Fuß des Csókaberges der Papirtás. Hier, am alten Marienbild vorbei, das angeblich noch Onkel Feri Lamberg gemalt hatte, stieg ich gemächlich und aufmerksam, meine alte Hahnflinte geschultert, gegen den Varga-tisztás hinauf.

In der Tasche hatte ich sieben Schrotpatronen der Marke „Hubertus", mit der im Vorjahr Sanyi Lumniczer zum zweitenmal Weltmeister geworden war. Den rechten Lauf lud ich mit 2 ½ mm, den linken mit 3 mm.

Ich nehme den Abkürzungsweg quer durch den Hochwald. Es ist unglaublich, wie steil und felsig die Berge des Vértesgebirges sind. Man glaubt, sich im Hochgebirge zu befinden, und ich habe schon manchen Brandhofer Gebirgsjäger Großpapas hier mit hängender Zunge gesehen. Bei der zweiten Biegung, dort, wo der große Felsen wie eine düstere Drohung über den Steig ragt, treffe ich Revierjäger Müller mit dem alten Hirschmann. Er ist ebenfalls im Begriff, auf den Schnepfenstrich zu gehen.

Müller ist ein magerer, wortkarger Mann von etwa vierzig Jahren, hervorragender Weidmann und Hundeführer. Er besitzt einen kleinen Weingarten unweit des unseren, wo ein ausgezeichneter Rotwein, die „Müller-Perle", wächst. Viele Stunden habe ich schon in seinem Haus verbracht, betreut von Frau Mitzi und den Töchtern Annus und Magda. Bei diesem herrlichen Tropfen (etwa an den Pöttelsdorfer Bismarckwein erinnernd) ist Müllers Wortkargheit allerdings wie weggeblasen. Was für schöne und interessante Stunden haben wir zusammen doch erlebt! Jetzt, da ich dies schreibe, sende ich Jóska bácsi meine herzlichsten und dankerfüllten Grüße aus weiter Ferne und wünsche ihm Gesundheit und Zufriedenheit. Hoffentlich hat man ihm seinen Keller gelassen, und der Rotwein verschönt ihm ein wenig die Tage des Alters.

Als wir oben sind auf der Höhe des Varga-tisztás, bläst uns vom Cser ein kühles Lüfterl entgegen. Kein Wunder, denn hier hat der Nordwestwind freien Durchzug, und es liegt doch noch mehr Schnee, als ich erwartet habe. Ein Fasanhahn stolziert frech und balzlustig an uns vorbei. Hier oben werden niemals Fasanen geschossen, er dürfte ein uralter Bursche sein. Nun wird der alte Hirschmann unruhig und überholt seinen Herrn. Rechts neben der großen Eiche ist ein großer Schleedornbusch, einige vertrocknete Beeren hängen noch an ihm, dort sucht der alte Bayrische Gebirgsschweißhund ernstlich irgend etwas.

Müller wird aufmerksam, doch zu spät. Niedrig und bekassinenhaft schnellt der Schnepf aus dem Busch, und bevor wir die Gewehre von der Schulter genommen haben, ist er im angrenzenden Jungwald – zwischen den Stämmen gaukelnd, aber ungemein schnell – verschwunden. Hirschmann schaut uns an, in seinem Blick ist Vorwurf und Eigensinn, als ob er sagen wollte: „Ich habe halt immer recht, und ich weiß es ja, daß ihr es jetzt nur auf die Schnepfen scharf habt."

Müller schaut mich an, ich schaue Müller an, aber in unseren Blicken ist Freude: Das war der erste – die Schnepfen sind angekommen!

Unterdessen ist es recht düster geworden. Müller postiert sich auf der großen Kreuzung, wo der Weg zum Cser-Maiß führt. Ich stelle mich auf die kleine Lichtung inmitten des Buchenjungwaldes, an die 100 Schritt vom Hochwald entfernt. Die Wiese auf der Lichtung ist vom Schnee niedergewalkt, durch die Buchenäste schimmern noch schmutzige Reste herüber. Die Andachtsviertelstunde hat begonnen, in etwa 15 Minuten ist es soweit. Wie oft, wie schön wurdest du schon beschrieben, du wunderbare Wartezeit vor dem Beginn des Schnepfenstriches, wie gut kenne ich dich, und doch bist du von Tag zu Tag anders!

Weit unten rattert der letzte Zug aus Gánt gegen die Bahnstation Bodajk. Autogeräusche gibt es keine, auch keine anderen Motoren verderben den Abend. Ich kann mit allen Sinnen die Laute der Natur in mich aufnehmen. Der alte Hahn meldet, endlich höre ich ihn aufpurren. Oben auf dem Schlafbaum gockert er noch schläfrig mit tiefer Greisenstimme. Drei Nebelkrähen ziehen krächzend und sich jagend über den Eichenwipfeln. Lautlos und niedrig streicht der Habicht über die Wiese. Ich hätte ihn gern geschossen (wo waren damals noch die Greifvogel-Schutzmaßnahmen!), doch er ist schneller als ich. Noch lange höre ich die Krähen schimpfen und eigenartig leise krächzen. Nun aber bin ich ganz Aufmerksamkeit. Mit etwas gespreizten Beinen stehe ich da und schaue in die Richtung des Kleinen Cser ...

Die plötzlich eintretende Stille ist das sicherste Zeichen des Beginnes. Da sehe ich den Schnepf von weitem kommen ... Puitzend, aber nicht quorrend, kommt er schnurgerade auf mich zu. Fest umspannen meine Hände die alte Steyr-Flinte. Da sehen meine Augen fassungslos einen Fuchs ganz langsam aus der Dickung schleichen. Er sieht mich nicht. Auf 15 Meter streckt ihn der Schuß aus dem linken Lauf. Und schon ist der Schnepf ober mir, weicht im großen Bogen aus und fällt, vom rechten Lauf getroffen, geflügelt zu Boden.

Noch bin ich sprachlos und zum Genießen meines Glückes nicht fähig, als der alte Schweißhund schon da ist. Zornig zaust er den Fuchs, dann verschwindet er in der Dickung. Ich weiß, daß er nicht apportiert, und folge ihm sofort nach. Da höre ich einen kurzen heiseren Beller, nicht mehr. Bald habe ich mich durchgekämpft und sehe Hirschmann vor dem Schnepf stehen. Als ich diesen aufnehme und abfedere, wendet sich der Hund ab und marschiert steif und etwas schief zu seinem Herrn zurück. Dort fällt bald auch ein Schuß. Mir kommt aber nichts mehr.

Als wir den alten Fuchsrüden und die zwei Schnepfen unten bei Müller strecken und tottrinken, denken wir nicht an die Zukunft. Ein Tag unverfälschten Glückes kennt keine Zeit und keine Grenzen.

Und darum ist er unvergessen und eingebettet in die Ewigkeit. Daß ich die Messe des Palmsonntags fast verschlafen habe, daran war die „Müller-Perle" unseres besten Jägers und Jagdfreundes schuld.

PHILIPP GRAF MERAN *wurde als viertes Kind Philipp Heinrich Merans, des Urenkels Erzherzog Johanns, und von Marianne Meran-Eltz 1926 in Csákberény (Ungarn) geboren. 1948 mußte er Ungarn endgültig verlassen; ab April 1949 tritt er in Graz in die Dienste des Landesmuseums Joanneum ein. 1952 wird er zum Leiter des Jagdmuseums in Schloß Eggenberg ernannt, dessen Aufbau und Ausgestaltung bis 1991 sein Lebenswerk ist. Mit Dezember 1991 ging Philipp Graf Meran in den Ruhestand.*

Seit etwa fünfzig Jahren ist er als Autor und Jagdpublizist in verschiedenen Zeitungen des In- und Auslandes tätig, zwischen 1953 und 1983 als österreichischer Spitzenschütze im Wurftaubenschießen (Trap) außerordentlich erfolgreich. Seit 1988 Ehrenpräsident des Steirischen Wurftaubenclubs, dessen Gründungs- und Vorstandsmitglied er seit 1952 war, seit 1963 auch Mitglied des Internationalen Jagdrates (CIC). 1977 wird ihm für seine schriftstellerischen Leistungen der CIC-Literaturpreis verliehen; 1989 erhält er den Kulturpreis des Deutschen Jagdschutzverbandes.

Philipp Graf Meran ist Inhaber zahlreicher Auszeichnungen. Unter anderem erhielt er 1978 den Goldenen Ehrenring der Steiermärkischen Landesjägerschaft und 1986 das Große Goldene Ehrenzeichen des Landes Steiermark. 1983 wurde er vom Bundespräsidenten zum Regierungsrat ernannt. 1991 erhielt er durch das Staatsoberhaupt den Berufstitel „Professor". 1992 bekam Graf Meran die höchste Auszeichnung des Internationalen Jagdrates zur Erhaltung des Wildes (CIC) „pro merito" in Gold.

Josef Puvak

Das zerbrochene Jagdgewehr

Die Sonne näherte sich schon dem Horizont, als wir nach einer schönen Fahrt die Südhänge der Karpaten entlang mit unserem Geländewagen am Dorfrand bei Moş Ilie hielten. Ich stand noch unter dem Eindruck der herrlichen Landschaftsbilder, die der späte Oktober im Spiel von Licht und Schatten mit farbenreicher Palette auf die Berghänge malte, als Förster Lascu und Moş Ilie schon ins Dorf eilten, um für den nächsten Tag Treiber zu suchen. Es wird ihnen nicht schwerfallen, Leute für die Jagd zu gewinnen, denn, wie uns Moş Ilie sagte, können es viele Dorfbewohner kaum erwarten, mit Meister Petz abzurechnen. Besonders in den letzten Wochen konnte man sich seiner Sippe kaum erwehren. Das viele Wildobst in den nahen Wäldern hatte sie von weit und breit angelockt. Doch einige der ausgewachsenen Burschen hielten sich nicht nur an Wildobst, Eicheln und Bucheckern, sondern sie brachen nachts in die Schafherden ein und nahmen die größten und fettesten Hammel mit, ohne sich um das Gekläff der Hunde und das Geschrei der Hirten zu kümmern. Andere kamen in die Gärten am Dorfrand, um sich an den reifen Pflaumen und Äpfeln gütlich zu tun, ja, die starken Bärinnen brachten sogar ihre Jungen mit und schüttelten die Bäume, daß weder Pflaume noch Blatt oder Ast am Stamme blieben.

Während ich mit Rădăceanu, dem schmächtigen Bankangestellten aus der Hauptstadt, der noch an keiner Bärenjagd teilgenommen hatte, über die morgige Jagd sprach, kamen schon Lascu und Moş Ilie mit je zwei Flaschen Zuika unterm Arm zurück. Der Förster lachte, daß seine breiten Zähne im braunen Gesicht blitzten.

„Wir hatten leichte Arbeit. Einen Teil der Treiber für die morgige Jagd fanden wir um den Kessel versammelt. Die Leute brennen ihren Pflaumenschnaps. Wenn sie morgen auch so tüchtig sind wie heute bei der Kostprobe, werden wir gute Arbeit leisten", sagte er und stellte eine Flasche vor mich hin.

„Ganz frisch, noch richtig warm, den muß man kosten!"

„Haben wir für morgen auch genügend Treiber?" fragte ich.

„Alles in Ordnung", beruhigte mich Moş Ilie, „die Leute werden pünktlich zur Stelle sein."

„Nach getaner Arbeit wollen wir auch für den Magen sorgen." Mit diesen Worten lud uns der gastfreundliche Alte zu Tisch. Der dampfende Maisbrei, auf ein Holzbrettchen gestürzt, frischer Schafkäse, pausbäckige, rote Paprikaschoten und faustgroße Zwiebeln standen schon auf dem Tisch.

Während der Alte frischgebrannten Zuika in die Gläser goß, betrachtete ich den in der ganzen Gegend bekannten „Bärentöter". Er war klein von Wuchs und trotz seiner mehr als sechzig Jahre aufrecht und kräftig. In seinem kantigen Gesicht blitzten zwei intelligente Augen, die ihm einen schlauen Ausdruck verliehen. Die sehnigen Arme waren unverhältnismäßig lang, mit großen, behaarten Händen.

„Wieviel Bären haben Sie in Ihrem Leben schon zur Strecke gebracht?" wandte ich mich an ihn, um ins Gespräch zu kommen. Er sah mich schmunzelnd an.

„Es mögen so ein Dutzend gewesen sein."

„Waren es wirklich zwölf?" staunte Rădăceanu und machte runde Augen hinter seiner Brille.

„Sie sind ja selbst Jäger, wie ich annehme", fuhr Moş Ilie fort. „Es kommt jedoch nicht auf die Zahl an, sondern darauf, was für Bären es waren und unter welchen Umständen man sie erlegt hat. Wenn man einen Hauptbären geschossen hat, will man einen noch stärkeren zur Strecke bringen, dann wieder soll es der kühnste Räuber sein, dann der gefährlichste und so weiter."

Da er nun schwieg, wollte ich nicht weiter in ihn dringen. Nachdem er aber einigemal das Schnapsglas angesetzt, seinen neuen Radioapparat eingeschaltet und dabei nicht ohne Stolz erklärt hatte, daß ihr Bergdorf schon seit einem Jahr ans Stromnetz angeschlossen sei, kam er wieder auf die Bärenjagd zu sprechen.

„Die Bären, die ich erlegte, waren ausschließlich Schlagbären, und ich erlegte sie allein, am Anstand oder auf Treibjagden. Alle hatten den Bergbauern großen Schaden zugefügt. Die einen brachen nachts in die Schafherden ein; die kühnsten und gierigsten Räuber unter ihnen kamen bei Tage und schleppten uns das schönste Jungvieh in die unzugänglichen Schluchten des Gebirges. Nur einer, den ich durch Zufall erlegte, läßt mir keine Ruhe; ich weiß auch heute nicht, ob ich recht gehandelt habe. Eine Sache, die mich fast ins Kittchen gebracht hätte."

Er schwieg, zog die kantige Stirn in Falten, als ob er noch immer darüber nachgrüble. Ich betrachtete ihn voller Spannung.

„Na ja, also die Sache trug sich folgendermaßen zu. Die Wildsauen hatten unsere Maisfelder arg zugerichtet, und da es des Nachts geregnet hatte, wollte ich sie am Hang hinter den Feldern erwarten. Es war noch dunkel, als ich in den Wald ging. Die Schwarzkittel kamen jedoch nicht. Es fing schon an zu tagen, da entschloß ich mich zu einem Pirschgang. Ich ging langsam, mit schußbereiter Waffe, einen Hohlweg bergan. An einer Wegbiegung stand ich auf einmal einem mächtigen Bären gegenüber. Der aufgeweichte Waldboden hatte meine Schritte gedämpft, so daß ich bis auf einige Meter herankam, ohne daß wir einander bemerkt hatten.

Die Überraschung war so groß, daß wir einige Sekunden starr dastanden, dann erhob sich der Bär mit einem Ruck und kam böse auf mich zu. Ich hatte gerade noch Zeit, meine Büchse zu heben und ihm eine Kugel durch den Kopf zu jagen."

Moş Ilie erzählte die Begebenheit ohne jene Begeisterung, die man bei Jägern gewohnt ist, und hatte die ganze Zeit einen nachdenklichen Ausdruck im Gesicht.

„Warum waren Sie nahe daran, ins Gefängnis zu kommen?" warf ich ein.

„Nun, ganz einfach. Es ist doch verboten, ohne Erlaubnis Bären zu jagen, und ich hatte gleich einen Hauptbären zur Strecke gebracht. Ich erzählte, wie es mir ergangen war. Aber die Jagdexperten behaupteten, daß Bären nicht angreifen, wenn sie nicht angeschossen wurden. Tierpsychologen wurden hinzugezogen und befragt. So ging es hin und her, bis ich mit einer Geldstrafe davonkam." Mir schien, als ob ein verschmitztes Lächeln über seinen Stoppelbart huschte.

„Eine höchst interessante Sache", erwiderte ich, „nur bin ich nicht damit einverstanden, daß Bären den Menschen nicht angreifen. Ich kenne glaubwürdige Berichte von Hirten und bekannten Jägern, die in den Karpaten von Bären angegriffen wurden. So zum Beispiel machte vor vielen Jahren ein solch blutgieriger Räuber die Gegend um die Urlea-Spitze unsicher. Er überfiel im selben Herbst zwei Hirten, der eine hatte Glück und flog beim Zusammenstoß einen Hang hinunter, während der andere vom Bären ziemlich arg zugerichtet wurde."

Moş Ilie lächelte, sichtlich erfreut, in mir einen Menschen gefunden zu haben, der ihn verstand.

„Noch mehr", fuhr ich fort. „Vor Jahren hörte ich eine recht lustige Geschichte, die sich im Retezat-Massiv zugetragen hat." Unser Gastgeber goß von neuem die Gläser voll und bat mich zu erzählen. Seine Augen blitzten in jugendlichem Feuer.

„Da lag also ein Hirte in seinen Schafpelz gewickelt am Rande eines Waldes. In der Nähe weideten seine Schafe, während die Hunde in der warmen Abendsonne schliefen. Auf einmal fühlte sich der Hirte von zwei mächtigen Pranken gepackt, riß erschrocken die Augen auf und – erblickte den fürchterlichen Rachen eines Bären über sich. Vor Schreck brüllte der arme Kerl so auf, daß es weithin schallte und von den Felswänden ein vielfaches Echo zurückgeworfen wurde. Zum Glück des vor Angst halbtoten Hirten ließ Meister Petz von ihm ab und ging brummend seines Weges. Er hatte anscheinend den in seinem Schafpelz daliegenden Hirten für einen ausgewachsenen Leithammel gehalten."

Jetzt hatte ich das Herz des Alten völlig gewonnen. Er lachte aus vollem Halse, daß ihm die Tränen über die Wangen liefen.

Nur der schmächtige Rădăceanu machte ein Gesicht, als ob er sagen wollte, „da hast du uns einen tüchtigen Bären aufgebunden". Dann wandte er sich an den Förster: „Was meinen Sie als Fachmann, ist es möglich, daß Bären am hellen Tag Menschen angreifen?"

Nun war es an Lascu, mit seinen Jagderlebnissen herauszurücken. Der Förster wollte gerade beginnen, da klopfte es an der Tür, und neue Gäste kamen herein. Der Bürgermeister Chirită, ein kräftiger junger Mann, etwas über die Dreißig, und ein untersetzter Vierziger, Ion Voicu, der Lehrer der Achtklassenschule im Dorfe.

Sie hatten von der morgigen Jagd gehört und kamen, um uns, wenn nötig, bei der Vorbereitung zu helfen, dies um so bereitwilliger, als Chirită selbst ein leidenschaftlicher Jäger war. Sie erzählten, daß auch Mihalcea, der Vorsitzende unserer landwirtschaftlichen Produktionsgenossenschaft, kommen wollte, aber augenblicklich anderwärts beschäftigt sei. Ein Gläschen Schnaps wurde geleert, und das Gespräch kam wieder in Gang.

Da wir wußten, daß Chirită auch Jäger ist, hagelte es bald die verschiedensten Fragen.

Alle wollten seine Meinung über die morgige Jagd erfahren.

Er blickte uns jedoch mit verschmitzten Augen der Reihe nach an und versuchte geschickt, dem Gespräch eine andere Richtung zu geben.

Der schlaue Bürgermeister wollte sich nicht aufs Glatteis begeben, er wußte: Haben wir morgen kein Weidmannsheil, dann wehe dem Prahler, der uns die Bären vor den Lauf zu bringen versprach. Denn ist es auch ein gutes Revier, ein Tiergarten ist es noch lange nicht. Darum erzählte uns Chirită lieber von seinen Plänen, noch in diesem Jahr ein neues Kulturheim zu erbauen. So kamen wir von der Jagd auf das neue Leben im Dorf zu sprechen.

Im lustigen Gespräch verging die Zeit, und ehe wir's uns versahen, war es Mitternacht.

Die Hausfrau führte die Gäste in deren Schlafzimmer. An den Wänden hingen handgewebte Decken mit Motiven aus dem Leben der Bergbauern. Die bunte Farbenpracht der Landschaft war da von den geschickten Händen der Frauen mit Kunstsinn und Fleiß wiedergegeben. Mit dem Blick auf buntgewebte stilisierte Rehe, Bären und Wildenten schliefen wir ein.

Draußen war es noch dunkel, als uns Moş Ilie aus den Federn trieb, und nach kurzer Zeit summte schon der Geländewagen durch das Dorf, in dem noch alles schlief.

Treffpunkt war das Forsthaus im Strîmba-Tal. Wir waren als erste da. Der Förster erwartete uns vor seinem Haus mit zwei Rüden an der Koppel. Tiefe Stille herrschte noch ringsumher, so daß auch wir unwillkürlich leise sprachen.

Im Osten, hinter der dunklen Silhouette des Berges, erschienen rote Streifen am Horizont, und der Morgenstern verblaßte. Vom Dorfe her hörten wir das Knattern des Traktors, der in einem Anhänger die Treiber heranfuhr; mit ihnen kamen auch die Jäger aus dem Dorf, Chirită an der Spitze. Nun wurde es schon lauter, und ich konnte mich des Eindrucks kaum erwehren, daß sie bereits am frühen Morgen vom „Neuen" gekostet hatten.

Die Treiber mußten um den Südhang herumgehen, um dann durch das zerklüftete Suru-Tal den Nordwesthang hinaufzusteigen. Wir warteten mit wachsender Ungeduld auf unsere Städter. Inzwischen war die Dämmerung gewichen, Bäume und Menschen ringsum nahmen Formen an, es schien, als schrumpfte der Raum zusammen, als rückten die rings aufragenden Berge immer näher.

Nun vernahm man Motorengeräusch. Es waren unsere Leute, die mit einem Überlandbus direkt aus der Hauptstadt kamen. Es wurde lebendig. Man begrüßte einander, jeder wollte wissen, wie es mit den Bären und Wildsauen stehe, wieviel es im Revier gäbe, wieviel Triebe gemacht werden und dergleichen mehr.

Die Mehrzahl der Jäger waren Arbeiter und Techniker aus den hauptstädtischen Betrieben; alte Füchse und auch Neulinge, die noch an keiner Bärenjagd teilgenommen hatten. Das Gewimmel dauerte jedoch nicht lange, und der Jagdleiter, Förster Radu, übernahm die Führung. „Wir haben zwei Wegstunden bis zum ersten Trieb. Ich schlage vor, daß wir aufbrechen." Und schon ging es den Hang hinan. Als der Aufstieg begann, erschien die Sonne über den zackigen Gipfeln, ein kühler Windzug strich das Tal entlang. Unten lagen noch dunkle Schatten, nur die höhergelegenen Hänge leuchteten golden in der Morgensonne. Am Rande eines farbenprächtigen Buchenwaldes stiegen wir, an Brombeer- und Weißdorngesträuch vorbei, immer höher. Bald sahen wir unten im Tal, im bläulichen Morgendunst, das Bergdorf liegen, im Hintergrund einen Streifen hellgelber Birken.

Der Weg wand sich in Schleifen über einen steinigen Hang, dann durch einen Buchenwald, an schroff abfallenden Felshängen entlang, der nächsten Bergwiese zu. Der Aufstieg wurde immer schwieriger, die Gruppe der Jäger zerfiel in kleine Grüppchen, und unsere Städter strengten sich an, mit den Jägern unter den Bergbauern Schritt zu halten.

Der Förster erklärte währenddessen:

„Der Südosthang, an dem wir aufsteigen, ist formenreicher und zugänglicher, während der Nordwesthang, über den die Treiber mit den Hunden kommen, sehr schwer zu ersteigen ist. Ein dichter Buchenwald, der weiter oben in Fichten- und Tannenwald mit dichtem Unterholz übergeht, bedeckt das von steilen Felswänden flankierte Tal."

Noch bevor wir den Kamm erreichten, ließ der Förster die ersten Schützen zurück, um die Flanken zu besetzen.

In einem großen Bogen umspannten wir das Tal und besetzten alle Hohlwege und Wechsel.

Ich blieb am Rande einer Felswand neben einer rotblättrigen Buche stehen. Ihr gerader, kräftiger, allen Stürmen trotzender Stamm reckte sich gegen den blauen Himmel empor. Ringsum wuchs hoher Adlerfarn, vom Herbst rotbraun gefärbt. Nachdem die Jäger sich entfernt hatten, blieb eine spannungsgeladene Stille zurück. Nur hin und wieder hörte man den Flügelschlag einer Amsel oder das huschende Geräusch einer Waldmaus. Selbst das leichte Säuseln des Windes in den Baumwipfeln, vom Knistern des fallenden Laubes unterbrochen, störte mein angestrengt lauschendes Ohr.

Mein Nebenmann zur Rechten machte mir ein Zeichen, damit ich sehe, wo er steht. Den Jäger zur Linken konnte ich wegen einer Gruppe dunkler Fichten nicht erblicken. Die Zeit schlich langsam dahin. Auf einmal durchschnitt ein heller Trompetenton die Stille. Das Zeichen für die Treiber. Zehnfach warfen die Felswände den Lärm der Treiber zurück. Es dauerte nicht lange, da hörte man die hellen Laute der jagenden Rüden, die auf Wild gestoßen sein mochten. Die Hatz kam näher, dann verstummte sie plötzlich.

Im nahen Unterholz hörte ich brechende Geräusche eines flüchtigen schweren Wildes. Ob es ein Schwarzkittel oder Meister Petz selbst war, konnte ich nicht unterscheiden.

Von rechts her peitschte der erste Schuß durchs Tal und wurde dumpf grollend von den Felswänden zurückgeworfen, nach kurzer Zeit folgten zwei weitere Schüsse.

Der Förster kannte also sein Revier, der Anfang war nicht schlecht. Das Geschrei der Treiber kam näher, um dann wieder ganz zu verstummen, wenn sie in einer Talmulde verschwanden.

Wieder hallten Schüsse von den Flanken, wo das Wild auszubrechen versuchte.

Das Herz schlug heftig gegen die Brust. Einer der Rüden kam lautgebend schnurgerade auf mich zu. Im Unterholz des dichten Tannenwaldes knackten und brachen die trockenen Zweige. Sekunden voller Spannung vergingen. Ich umspannte meinen großkalibrigen Stutzen fester. Das Knacken und Brechen der Äste wurde stärker. Plötzlich stand im dunklen Geäst ein mächtiger Hirsch. Er hob das Haupt mit dem starken Geweih, nahm Wind und kam dann in voller Flucht in Schußweite an mir vorbei.

Kurz darauf erschien mit lautem Gekläff der borstige Foxterrier.

Das kann man nur in den Wäldern unserer Karpaten erleben. Man erwartet Bären und Schwarzkittel, und da erscheint unerwartet ein starker Zwölfender. Es zuckte mir in den Fingern. Doch hieß es, die Jagdleidenschaft zu bändigen, denn heute durfte kein Hirsch erlegt werden.

Im dunklen Grün der Tannen tauchten auch schon die Treiber auf.

Jäger und Treiber versammelten sich nach und nach auf der Almwiese, am Rande des Waldes.

Lustige Rufe erklangen. Die Pechvögel, die geschossen, aber nichts getroffen hatten, wurden gehänselt. Umringt von Jägern und Treibern erschien auch der erfolgreiche Schütze, einen mit dem Schweiß des erlegten Wildes genetzten Fichtenzweig am Hut. Hinter ihm eine Gruppe von Treibern, die den groben Keiler heranschleppten.

Stanciu sonnte sich in der strahlenden Morgensonne und seinem Weidmannsheil. Breit lächelnd, nahm er die Glückwünsche seiner Jagdgenossen entgegen.

Moş Ilie hatte inzwischen im Windschatten eines Felsbrockens ein Feuer angezündet. Die Leute kamen nun heran, um ihren Speck oder die Wurst am Spieß zu braten.

Ein verspäteter Jäger aus dem Bergdorf kam atemlos gelaufen und berichtete dem Jagdleiter, daß eine Wildsau krankgeschossen worden sei und nun zwei Jäger auf ihrer Fährte seien.

Der Förster schickte einen ortskundigen Treiber aus, um die Jäger zurückzurufen. „Weidwundes Wild soll nicht verfolgt werden, es ist besser, man läßt es im Wundbett verenden!" rief er den Treibern belehrend nach.

Der Keiler wurde inzwischen aufgebrochen. Nach altem Jägerbrauch nahm Moş Ilie die Leber des Erlegten, spickte sie mit geräuchertem Speck und briet sie am Feuer.

Eine bauchige Flasche ging von Hand zu Hand. Frohe Stimmen erklangen in der Runde.

Unbekümmert scherzten die Treiber und neckten die Jäger unter den Bergbauern, welche, wie alle Jäger, mit viel Pathos ihre Jagderlebnisse zum besten gaben.

Mein Blick schweifte in die Ferne. Der ganze Berghang bis tief hinab ins Tal war ein buntes Meer von rotschillernden Buchen und rostbraunen Eichen. Mittendrin hellgelbe und grüne Inseln von Birken und Tannen. Die grünen Inseln der Tannen und Fichten wurden immer größer, je mehr sie sich der Spitze näherten, bis sie wie ein Smaragdgürtel die Kette der Karpatengipfel säumten.

Förster Radu sah dem fröhlichen Treiben zu. Er lächelte versonnen und sprach dann: „Es war nicht immer so wie heute. Sehen Sie dieses Steinkreuz unter der großen Tanne dort an. Es erinnert die älteren unter uns an vergangene Zeiten." Der

Förster sprach leise, seine Worte waren an mich gerichtet. Rădăceanu hatte jedoch zugehört, und schon kamen die Fragen: „Wie kommt das Steinkreuz in diese Wildnis? Was hat es zu bedeuten?"

Der sonst gesprächige Radu gab keine Antwort. Er saß nachdenklich auf einem Baumstumpf und brannte sich die kurze Pfeife an. Nach einer Pause erklang seine Stimme noch immer zögernd: „Wenn ihr also die Geschichte hören wollt, will ich sie euch erzählen.

Dieses Jagdgebiet war früher einmal königliches Eigentum. Der Nimmersatt hatte diese Wälder für schweres Geld an ausländische Fürsten und Grafen verpachtet. Hier im Tal hatte ein Graf sein Jagdschloß, seinen Oberförster und seine Wildheger. Die Bauern aus den umliegenden Dörfern durften nicht in den Wald. Wollten sie Waldbeeren oder Pilze sammeln, mußten sie die Erlaubnis des Oberförsters haben und dafür bezahlen. Die Bauern klagten: ‚Nicht einmal die Luft des Waldes darf man unbezahlt atmen!' Aber wer hörte schon ihre Klagen an! Es ist nur verständlich, daß die Bauern auf eigene Faust handelten und sich zur Wehr setzten."

Der Förster blickte uns forschend an, er wollte wissen, ob wir seiner Erzählung folgten. Inzwischen hatten sich neue Zuhörer hinzugesellt und den Kreis um Radu erweitert.

„Das Wild in den Wäldern vermehrte sich. Wildsauen und Bären fügten den Bauern großen Schaden zu. Mancher von ihnen blieb über Nacht, wenn die Schwarzkittel in sein Feld einbrachen, ohne Mais oder Kartoffeln.

Eines Tages erlegten zwei Bergbauern, Vater und Sohn, eine Wildsau. Der Oberförster Zimbrea, so hieß der Saufbold, überraschte sie dabei, als sie das Wildschwein wegschleppen wollten. Vergebens beteuerten die beiden, sie hätten die Wildsau im eigenen Maisfeld weidwund geschossen und dann im Walde verfolgt. Sie wurden verurteilt. Der Vater starb bald an den Folgen der Mißhandlungen im Gefängnis."

Der Förster machte wieder eine Pause, und mir schien es, als ob eine Träne in seinen grauen Augen glänzte. Da er schwieg, drängte Rădăceanu: „Aber was hat das Steinkreuz damit zu tun?"

Der Förster stand auf und sah sich hilfesuchend im Kreise um. Da erklang die Stimme Moş Ilies: „Laß mich weitererzählen."

Der Förster nickte und trat aus dem Kreis der Zuhörer.

„Ihr müßt wissen", fuhr Moş Ilie fort, „daß unser Förster Radu eben sein eigenes Leben erzählt hat. Er ist der Bergbauer, der jahrelang im Gefängnis gesessen hat. Nun hört weiter! Es mag so ein Jahr vergangen sein, seit Radu aus dem Gefängnis zurückgekehrt war. Da ist eines Tages der Oberförster Zimbrea verschwunden.

Die Bergbauern waren froh, aber niemand wußte, wohin er verschwunden war. Die Gendarmerie stellte Nachforschungen an, doch sie blieben erfolglos. Erst nach Wochen fanden die Wildheger seinen Leichnam an diese Tanne dort gebunden. Da niemand den Wald betreten durfte, war er, an den Baum gefesselt, verhungert. Die Bergbauern hatten sich gerächt. Der Graf aber ließ seinem ergebenen Knecht ein Steinkreuz errichten..."

Der Förster gab das Zeichen zum Aufbruch. Hochaufgerichtet schritt er allen voran. Nach einer Stunde angestrengten Marsches erreichten wir einen Bergkamm. Der Tannen- und Fichtenbestand wurde immer schütterer. Nur hier und da stand eine zerzauste Wetterfichte, die allen Stürmen trotzte.

Ringsum wuchsen Heidelbeerbüsche. Morsche, vom Winde gefällte Fichten und Tannen lagen am Hang. Nahe dem Felskamm wies uns der Förster unsere Stände an.

Wieder erklang der helle Ruf der Jagdtrompete über die sonnigen Hänge, bis tief hinein in die schroffen Felskulissen.

Vielstimmig kam die Antwort der Treiber, daß es weithin erschallte.

Förster Radu als erfahrener Jagdleiter hatte uns die Stände so angewiesen, daß das Wild an den Jägern vorbei mußte, wenn es nicht zurück durch die Reihen der Treiber ging.

Da peitschte auch schon ein Schuß von der rechten Flanke her über den Hang. Er ließ mich den Stutzen entsichern. Schuß

auf Schuß donnerte in den sonnigen Tag. Nur an meinem Stand
blieb es ruhig.

Doch da, zur Rechten, hörte ich einen der Saurüden Laut geben, kurz darauf zwei Schüsse und einen gellenden Schrei, der
mich erschauern ließ. In dieser Richtung stand doch Rădăceanu,
der Bankangestellte mit der Brille.

Ich umspannte den Repetierstutzen und lief zur Stelle, wo ich
ihn zuletzt gesehen hatte. Als ich atemlos ankam, sah ich Moş
Ilie mit der Büchse im Anschlag bei einem Baumstumpf knien,
neben ihm, bleich, mit zerfetzter Jacke, Rădăceanu. Zwei Schüsse
knallten.

Nun sah ich den mächtigen Bären in einer Mulde neben ei-
nem Baum liegen. Die Kugel hatte ihn umgerissen. Er raffte sich
auf, umklammerte den Baum und brüllte vor Wut und Schmerz.
Seine riesigen Pranken zersplitterten die Rinde des Baumes.
Moş Ilie hatte in spitzem Winkel etwas zu tief geschossen. Ein
Fangschuß machte der Qual des Bären ein Ende.

Nun wandten wir uns dem unglücklichen Jäger zu. Während
ihm Moş Ilie die Wunde mit Schnaps wusch (wir hatten nichts
Besseres bei der Hand) und mit dem abgerissenen Hemdärmel
verband, erzählte uns Rădăceanu mit bebenden Lippen, wie
sich die Sache zugetragen hatte: „Ich stand an der Stelle, die mir
der Jagdleiter zugewiesen hatte. Die Jagd begann, da überlegte
ich: Was tust du, wenn ein Bär kommen sollte, schießt du oder
nicht? Ich hatte ja nie einen Bären in freier Wildbahn gesehen.
Während ich dastand, horchte und überlegte, ging die Hatz an
mir vorbei." Rădăceanu bat uns um einen Schluck Wasser und
erzählte dann weiter. „Ich dachte, nun sei der Trieb zu Ende,
und kam hinter dem Baum hervor. Da steht auf einmal das
braune Ungetüm einige Schritte vor mir. Ich schaue und glaube
zu träumen, da erhebt sich der Bär und greift wütend an. Ich
vergesse vor Schreck, daß ich die Flinte in den Händen habe,
und will flüchten, doch er ist schon heran. Da strecke ich ihm
wie zur Abwehr das Jagdgewehr entgegen, er faßt es... ich laufe
weg. Da kracht es hinter mir. Der Bär hat das Gewehr wie einen
Stock zerbrochen, und die Schüsse sind losgegangen. Sehen Sie

hier!" Er reicht uns das zerbrochene Gewehr. „Ich laufe und überlege, wo ich hin soll, da ist er wieder hinter mir." Rădăceanu macht eine Pause und greift wieder zur Feldflasche, um dann fortzufahren: „Ich springe den Hang hinunter, der braune Teufel aber schlägt mir seine Pranke in die Schulter; ich falle durch die Wucht des Schlages hinter den Baumstumpf da und bleibe liegen. Der Bär kullert mir nach und weiter in die Mulde. Das Weitere habt ihr selbst gesehen", schließt Rădăceanu todbleich.

Inzwischen hatten sich die Jäger und Treiber auf einer Lichtung unter dem Kamm versammelt. Die Jagdbeute wurde herbeigeschafft: Zwei kapitale Bassen und drei Bären lagen im trockenen Waldgras. Die glücklichen Schützen standen daneben und blickten mit unverkennbarem Stolz auf ihre Beute. Scheu betrachteten die Bergbauern die auch im Tode noch achtunggebietenden Ungetüme, um die sich am Fuß der Karpaten so viele Erzählungen und Sagen gewoben hatten.

Förster Radu beschloß, nach dem Unfall die Jagd abzubrechen. Hell klang der Ton der Jagdtrompete durch das weite Tal, und die für einige Stunden unterbrochene Ruhe zog wieder ein in die herbstlichen Wälder des Suru-Tals.

Die Beute wurde für den Transport vorbereitet. Moş Ilie gab, rührig wie immer, seine Anweisungen. Etwas abseits aber stand noch immer bleich und der vielen Fragen müde, Rădăceanu mit seinem zerbrochenen Jagdgewehr.

JOSEF PUVAK, geb. 1913 in Reschitz im Banater Bergland, wo er auch das Gymnasium und die Industrieschule besuchte. Nach Fernstudium an der Universität Bukarest, Fakultät für Hüttenwesen, Arbeit in verschiedenen Stahlwerken. Nach dem Zweiten Weltkrieg war Puvak Direktor der Reschitzer Werke und anschließend Staatssekretär für Metallurgie. Von der Mitte der fünfziger Jahre bis 1960 war er Botschafter, anschließend Chefingenieur und Direktor verschiedener Betriebe in Bukarest.

Rudolf Schwarz

Zum Glück lebt noch der Zeuge!

Irgendwo da droben in den dickverschneiten Zweigen läutet die Kohlmeise. Endlich entdecke ich sie. Da sitzt sie, ein fröhliches, wippendes Federbällchen auf einem dünnen, vor lauter Schnee kaum sichtbaren Ästchen, und singt unbekümmert ihr helles Lied. Sie fühlt es, sie glaubt es: der Frühling kommt. Sie weiß es ganz sicher, obwohl der Winter wiedergekehrt ist und alles noch einmal zugedeckt hat mit seiner weißen, lebensfeindlichen Decke. Auf den Großen Hahn will ich gehen, und nun hat ein Wettersturz alles Frühlingserwachen wieder erstickt. Aber die Kohlmeise weiß es besser, und so wird wohl auch der Große Hahn wissen, was er zu tun hat.

Draußen im Flachland hatte es seit zwei Tagen geregnet, alle Prognosen lauteten auf „Tief", die Rheumatiker ächzten. Aber mit der mir eigenen Sturheit hatte ich mich durch nichts von dem einmal gefaßten Entschluß abbringen lassen, hatte heute morgen den Autobus bestiegen und war nach zwei Stunden Fahrt hier im Hirscheggergraben angekommen. Schon unterwegs war aus dem Regen Schnee geworden, und beim Aussteigen blies mir ein eisiger Wind die nassen Flocken ins Gesicht. Dessen ungeachtet aber hatte ich mich sofort auf den Weg gemacht, hinein in den langen Graben, das Gesicht zu Boden gerichtet, um das scheußliche Wetter nicht zu sehen, und hatte erst aufgeblickt, als der helle Ruf der Kohlmeise an mein Ohr gedrungen war.

Da sitzt sie und singt. Ich muß lächeln, denn auf einmal weiß ich ganz genau, daß morgen ein guter Jagdtag sein wird, ich spür es. Und ich weiß nun, daß meine Sturheit eigentlich nichts anderes ist als derselbe unerschütterliche Glaube an den Frühling, der auch die Kohlmeise singen macht.

Weiter drinnen, da wo von rechts aus dem Spengergraben der Wildbach herausrauscht und ein paar steinige Wege, die zu den entlegenen Bauern hinaufführen, sich treffen, steht ein Kreuz, ein Marterl, mit einem Steinhaufen davor. Ich putz den Schnee von den Steinen und setz mich nieder, denn ich habe Zeit, viel Zeit!

Viel Zeit! Was ist das doch für eine wundervolle Feststellung! Ich denk an nichts, ich spür nur die Ruhe, den Frieden. Nach einer Weile erheb ich mich und schau auf, denn ich hab das Gefühl, daß es bedeutend heller geworden ist. Ist es wirklich heller? Oder bin ich nur innerlich so viel ruhiger und positiver geworden, daß mir alles schöner und heller erscheint? Morgen wird ein wunderschöner Tag sein, das weiß ich genau, und während ich die letzten paar Kilometer bis zum Joachim, dem Jäger, zurücklege, träume ich schon vom Großen Hahn.

Den Joachim finde ich in der Küche seines Holzhäuschens pfeiferauchend am Ofen sitzen. Bei meinem Eintritt begrüßt er mich mit: „Schlecht! Schlecht! Dös Wetta! Vierzehn Tog möld scho koa Hahn!" Ich sag kurz und bestimmt: „Joachim, richt di zamm, mia gehn!" – „Jo, glaubst wull", lamentiert er, „bei dem Wetta!" – „Ja", sag ich, „morgen paßt's." – „Koa Aussicht", jammert er, „oba wannst moanst!"

Nach einer Viertelstunde ist er marschbereit, und wir treten ins Freie. Mich trifft fast der Schlag, denn nun fegt ein kalter Wind von der Höhe her, dichtes Schneetreiben behindert die Sicht, es ist etwa drei Uhr nachmittag und fast dunkel vor lauter tiefhängenden Wolken. Ich vermeide es, dem Joachim ins Gesicht zu schauen oder ihn anzureden, und gehe rasch voraus. Nach einer Stunde, in der wir nicht besonders viel miteinander geredet haben, sind wir am „Hahnplatz". Hier am halben Berghang wollen wir zwischen den schütteren Lärchenbäumen den Abendeinfall beobachten. Wir warten, bis es ganz dunkel ist, aber wir hören und sehen nicht die kleinste Kleinigkeit vom Auerwild. Dann machen wir uns auf den Weg hinauf zum Almgasthaus, wo wir übernachten wollen. So können wir am Morgen bergab gehen und werden nicht so verschwitzt sein, wenn wir den Balzplatz erreichen. Fast zwei Stunden brauchen wir durch den manchmal knietiefen Schnee, ehe wir die schwach erleuchteten Fenster des Gasthauses erblicken.

Hier heroben ist noch tiefer Winter, und immer noch schneit es stark. Peter, der alte hagere Wirt, begrüßt uns laut und herzlich, klopft uns auf die Schultern, nimmt unsere Sachen in Empfang, bringt uns Hausschuhe und ist emsig bemüht, es uns so bequem wie möglich zu machen. Wir sind seit langer Zeit die ersten Gäste, die hier erscheinen, und bald umfängt uns ein wohliges Gefühl der Wärme und Geborgenheit. Wir sitzen in der geräumigen Küche, und während die Wirtin unser Abendessen vorbereitet, versorgt Peter unsere Schuhe und Socken, damit morgen früh alles schön trocken ist. Dann setzt er sich mit einer Schnapsflasche an unseren Tisch, der von dem weichen, sanften Licht der Petroleumlampe kaum erhellt wird, und nachdem jeder ein Glas gekippt hat, gehts ans Erzählen. Und wie so oft hier heroben, wird es spät in der Nacht, ehe wir ins Bett kommen. Beim Einschlafen höre ich noch den Wind an den Fensterläden rütteln, und als gleich darauf der Taschenwecker klingelt, meine ich, ich hätte gerade erst die Augen geschlossen. Ein Blick auf die Uhr überzeugt mich aber, daß es zwei Uhr morgens ist und ich also doch gute drei Stunden geschlafen habe. Rasch springe ich aus dem Bett und geh gleich ans Fenster, um nach dem Wetter zu sehen. Windstill ist es, strahlender Sternenhimmel, tief schwarz zwischen den leuchtenden Punkten.

„Joachim, steh auf", rufe ich, „Hahnwetter is." Schnell ist auch er aus den Federn und kommt zum Fenster. „Jo, meina Söl", sagt er, „dös passat!" Unten in der Küche hat der brave Peter schon den Kaffee gekocht, unsere Schuhe geschmiert und die Butterbrote gestrichen. So ein Wirt ist einfach unbezahlbar! In aller Ruhe frühstücken wir, und mit „Weidmannsheil", „Weidmannsdank" und „Pfüat di nocha" verabschieden wir uns von dieser überaus freundlichen Oase inmitten der lebensfeindlichen Winterlandschaft.

Die Luft draußen ist lauwarm, der Schnee ist weich und leise. und ohne große Mühe erreichen wir ständig bergab gehend um etwa vier Uhr den Hahnplatz. Ein paar hundert Meter von dem Lärchenbestand, der als bevorzugter Balzplatz gilt, setzen wir

uns auf unsere Rucksäcke und warten. Schon nach ein paar
Minuten meldet das erste Rotkehlchen, obwohl es noch ganz
dunkel ist, und es klingt beinahe wie bestellt und geplant.
Kurze Zeit später kommt es mir so vor, als hätte ich einen Hahn
melden hören, ich bin aber nicht sicher und schau den Joachim
fragend an. Der nickt und deutet mit dem Daumen in die
Richtung. Lautlos erheben wir uns, und jetzt, da wir einander
unsere Wahrnehmung bestätigt haben, hören wir auch beide
deutlicher das faszinierende Lied des „Großen Hahnes". Einige
Minuten verharren wir regungslos, um uns über die genaue
Richtung klarzuwerden. Dann pirschen wir durch den düsteren
Baumbestand mit äußerster Vorsicht näher heran. Nun kann
man schon einigermaßen gegen den Himmel Einzelheiten erkennen, und auch am schneebedeckten Boden ist die Sicht
durch das im Osten aufdämmernde Grau recht gut. Der Hahn
meldet pausenlos, doch mir ist es unmöglich abzuschätzen, wie
weit er entfernt ist. „Ja nit z'weit springan", ermahnt mich der
Joachim flüsternd, dann beugt er sich lauschend vor und beim
nächsten „Hauptschlag", der dem „Schleifen" vorangeht, springt
er vorwärts. Ich bin ihm ohne zu zögern gefolgt und habe so
wie er auch nach drei Sprüngen rechtzeitig stoppen können
und einen sicheren Stand gefunden. Aber sofort springen wir
wieder, denn der Hahn meldet, daß es eine Freude ist. Fünf-
oder sechsmal springen wir, dann sind wir offensichtlich nahe
genug für einen sicheren Schuß, aber trotz allen Bemühens
können wir den „Großen", der direkt vor uns oben in den
Lärchen stehen muß, nicht entdecken. Es ist eine dichte Gruppe
von mehreren Bäumen, und so deutet mir der Joachim, daß wir
seitlich herum müssen, um einen anderen Blickwinkel zu erreichen.

Viele Jäger haben schon versucht, das Lied des Großen Hahnes zu beschreiben, es in Worten oder Lauten wiederzugeben.
Aber es ist einfach unmöglich. Es ist ein Urlaut, eine faszinierende Folge von Geräuschen. Es ist ein Erlebnis, das jeden
Menschen bis ins Innerste berührt. Wir warten ein kleines Weilchen, um uns innerlich auf den raschen Rhythmus des pausen-

los meldenden Hahnes einzustellen, und so perfekt ist unser Kontakt in der kurzen Zeit geworden, daß wir, ohne uns gegenseitig zu verständigen, gleichzeitig springen. Dieser Sprung aber endet ganz anders, als wir es uns vorgestellt haben, der Joachim rutscht auf einer unter dem Schnee verborgenen hohlen Eisplatte aus, stürzt mit lautem Krach zu Boden und liegt auf dem Bauch, die Hände auf das Eis aufgestützt. Ich steh mit gegrätschten Beinen über ihm und kann gerade noch mit Mühe das Gleichgewicht finden. Der Hahn schweigt. Das Herz klopft mir bis zum Hals, die Sekunden tropfen langsam und zäh. Oder sind es Minuten? Der Hahn schweigt. Die Knie fangen mir zu zittern an von dieser krampfhaften Stellung, und dem Joachim, denke ich, werden wahrscheinlich die Hände, mit denen er sich vom Eis abstützt, langsam einfrieren. Der Hahn aber schweigt noch immer, und ohne ersichtlichen Grund reitet er plötzlich mit wuchtigen Schwingenschlägen ab. Der Joachim erhebt sich, schaut mich schuldbewußt an und jammert los: „Maria, Maria, so a Pech, so a Pech, do bin i wul ganz alloan schuld! Na so was! Dös is ma a no nia nit passiert, den Hahn han i vahaut, total vahaut." – „Beruhige dich", sag ich, „ist halt passiert, kann man holt nichts machen!" Doch in diesem Augenblick erstarren wir beide – ganz nahe meldet ein Hahn! Und wie der meldet! Pausenlos folgt Strophe um Strophe mit tiefem Hauptschlag und ergiebigem Schleifen. Wir sehen uns an und springen beim nächsten Hauptschlag los. Zwei, drei Sprünge machen wir, dann schweigt auch dieser Hahn unvermittelt inmitten einer Strophe, macht mit langen, unendlich langen Pausen ab und zu einen „Klocker", spielt sich aber nicht mehr ein. Im Osten geht blutrot die Sonne auf, es ist herrlich frühlingswarm, eine Menge Singvögel begrüßen laut den Tag – unser Hahn aber schweigt. Plötzlich sehe ich ihn vor uns auf der Lärche oben auf einem Ast hinter dem Stamm stehen und mit langem Stingel zu uns herunter sichern. Im selben Augenblick erkennt er offensichtlich die Gefahr, stößt sich blitzschnell ab, kommt durch rasend schnelle, kraftvolle Schwingenschläge sofort in volle Fahrt und läßt sich in sausendem Flug mit nach unten gekrümmten starren Schwingen über die Baumwipfel hinweg tief hinunter ins Tal gleiten. Drüben am Gegenhang sehe ich ihn hochziehen und fast am Kamm oben in den dortigen Baumbestand einfallen. Wenn ich mir vorstelle, wie lange ich brauchen würde, um dort hinüber zu kommen! Ein herrlicher urweltlicher Vogel ist er schon, der Große Hahn! Aber trotz dieses wundervollen Anblickes kommt mir nun doch zum Bewußtsein, daß uns auch dieser zweite Hahn ein Schnippchen geschlagen hat. „Luada, grauperts", sagt der Joachim, „hiaz is der a ban Teifl!" Doch dann lachen wir beide, denn es ist ja ein wirklich prachtvoller Morgen, und das „Verlosn" der gut meldenden Hahnen war an sich schon ein wunderbares Erlebnis. Aber mitten in unserer halblaut geführten Unterhaltung schauen wir uns plötzlich gegenseitig an: ist es Täuschung oder ist es Wirklichkeit? Nein, es ist Wirklichkeit! Da unten meldet ein Hahn! Es ist nicht zu fassen. Unverzüglich springen wir los, kommen rasch voran und sind nach etwa einer Minute auf Schußdistanz heran. Leider ist genau gegenüber von uns die Sonne schon ziemlich hoch, so daß wir den Hahn im Fichtengeäst gegen das blendende Licht nicht finden können. Zum Glück meldet der Hahn gut, und auf einmal zupft mich der Joachim am Ärmel und flüstert beim nächsten Schleifen: „I siach'n, du muaßt do umma gehn, oan Schritt!" Beim nächsten Schleifen mach ich den Schritt zur Seite und versuch den Hahn da oben zu entdecken. „Schnell, schnell", flüstert der Joachim, „schnell, schnell." Aber es nützt nichts, ich find ihn einfach nicht. Doch plötzlich habe ich ihn, auf einmal seh ich den schwarzen, dicken, hoch aufgerichteten Stingl mit dem weißen starken Brocker, fahr mit der Flinte rasch hoch und drück ab. Durch den Rückstoß reißt es mir den Lauf ein Stück nach oben, und dort, ja dort sitzt wirklich der Hahn! Unverzüglich zieh ich das zweite Züngel durch, und es ist mir bis heute nicht klar, wie ich es geschafft habe, mein Erstaunen, mein Erschrecken und überhaupt mich selbst zu überwinden und so blitzschnell zu reagieren. Ich seh, wie der Große lautlos nach hinten kippt, langsam von Ast zu Ast herunterfällt und schließlich dumpf auf dem Waldboden aufschlägt.

„Joachim", sagte ich, „ist es wahr, gibt es sowas überhaupt?!"
Dann schau ich nach oben. Und nun seh ich erst, was da los
war. Einen abgebrochenen, dick benadelten Ast habe ich gegen
die Sonne für den Stingl gehalten und das weiße Holz an der
Bruchstelle für den Brocker! Und einen Meter oberhalb saß der
Hahn! „Joachim", sag ich noch einmal, „so was gibt es ja gar
nicht!" Dann gehen wir hin zu meiner wundervollen Beute,
betrachten den herrlichen heimlichen Herrscher des Bergwaldes, und wir lachen und blödeln, und ich sag dem Joachim, daß
ich es eigentlich gestern schon ganz genau gewußt habe, daß
heute ein guter Jagdtag sein wird. Dann machen wir uns langsam und gemütlich auf den Heimweg. Ein paar hundert Meter
weiter stehen noch zwei Große Hahnen auf einer Blöße, und
weiter unten streicht ein weiterer bei unserer Annäherung von
einem Baum ab. Ja, es war ein guter Jagdtag mit vielen Schwierigkeiten, wie sich's gehört, mit gutem Anblick, wie man sich's
wünscht, und mit einer guten Beute. Unten bei Joachims
„Huabn" verabschiede ich mich von ihm. „Grüaß di", sagt er
lachend. „Na sowas!", sagt er kopfschüttelnd, „daß dös gibt!"
Dann geh ich allein weiter talauswärts. Dort beim Marterl setz
ich mich ein Weilchen hin, denn ich hab Zeit, viel Zeit. Gestern
hab ich mir hier meine Zuversicht geholt, heute bin ich wieder
da mit meinem Großen Hahn, und ringsherum läuten an die
hundert Meisen den Frühling ein!
   Es war mein erster Großer Hahn, und es blieb der einzige.
Und weil mich vor kurzem der Joachim besucht hat, und weil
wir wieder einmal über dieses Erlebnis gelacht haben, und weil
er, der sich Gott sei Dank bester Gesundheit erfreut, diese
Geschichte bezeugen kann, habe ich es gewagt, sie zu erzählen.

RUDOLF SCHWARZ, geb. 1925 in einem kleinen oststeirischen Dorf, wo sein Vater Oberlehrer und Pächter der Gemeindejagd war. Nach der Pflichtschule kam Schwarz zu Studienzwecken nach Graz, und als er aus der Kriegsgefangenschaft 1946 nach Hause entlassen wurde, zwangen ihn wirtschaftliche Umstände, einen technischen Beruf zu ergreifen. Durch das Abendstudium schuf er sich die nötigen Voraussetzungen für seine spätere Führungsposition in einem technischen Betrieb. Daneben nützte er aber jede Gelegenheit zur Jagd auf alle österreichischen Wildarten.

Hans Joachim Graf von Schwerin

Wenn du denkst, du hast ihn ...

Es war in jenem uckermärkischen Revier, von dem ich in dem vorausgegangenen Kapitel „Nächte unter Sauen" schon erzählte.

Wieder einmal war ich zu einem Kurzbesuch dort und hatte den „Katzenhochsitz" bezogen. Das Jahr ging zur Neige, es mochte so im November sein und war morgens und abends schon empfindlich frisch.

Ich sollte, so der Jagdherr H., das eine und andere Reh schießen und was mir sonst noch käme und Schußzeit hätte.

Am zeitigen Nachmittag setzte ich mich schon an, denn ich komme nicht gern erst im letzten Augenblick. Da ist das Wild oft schon zuwege, und der um diese Zeit zu seinem Ansitz hastende Jäger vertritt und vergrämt es sich leicht. Und wundert sich dann noch, daß er nichts zu Gesicht bekommt.

Bei gutem Büchsenlicht noch kam aus dem Wald ein Hase. Er rückte zu Feld, wo es immer was zu knabbern gab.

Der Krumme mochte etwa siebzig Gänge von mir ab sein, zu weit für einen Schrotschuß. So entschied ich mich für die kleine Vierlingspatrone 5,6 x 35 – den Einstecklauf hatte ich, wie stets um diese Zeit, im rechten Lauf meines Drillings.

Der Hase machte, als es geknallt hatte, einige schwerfällige Fluchten und drückte sich bald in einer Ackerfurche. Er hatte das Kügelchen, das war gewiß.

So baumte ich denn nach einiger Zeit ab, um ihn aufzuklauben und im Jagdhaus abzuliefern. Doch da wurde er mir unter den Händen hoch und war, ehe ich den Drilling von der Schulter bekam, im Wald verschwunden.

Nun, „Hindu" würde ihn dort finden und mir bringen.

Es war immerhin noch ausreichendes Büchsenlicht. Ich kletterte darum nochmals auf meinen Hochstand – möglich, daß ich noch anderes Wild zu sehen bekam.

Da hörte ich nach einiger Zeit hinten im Wald einen Hasen geradezu jämmerlich klagen. Ein Mümmelmann wird Pech gehabt haben und an einen Fuchs geraten sein, der ihm den

Garaus macht. Daß das nun aber ausgerechnet mein Hase sein könnte, auf diesen Gedanken kam ich gar nicht.

Nun war es bald aus mit dem Licht, und so ging ich denn zu meinem Wagen, um „Hindu" zu holen.

Dort, wo sich der Krumme gleich nach dem Schuß krank auf dem Acker gedrückt hatte, setzte ich meinen vierläufigen Gefährten an und schickte ihn auf die Reise. Er wußte auch gleich, worum es ging, nahm die Nase herunter und schob auf der Wundspur in den Wald ab. Bald würde ich meinen Hasen haben.

Nach geraumer Zeit kam „Hindu" zurück, aber ohne den Mümmelmann. Er war, so schien es mir wenigstens, recht verlegen und schaute mich mit seinen schönen sprechenden Augen bekümmert an.

Nanu, so etwas gibt's doch gar nicht, daß der spursichere und bringtreue, allezeit zuverlässige Hund ein Stück Wild liegen ließ!

So schickte ich denn den Guten mit einem unmißverständlichen „Verloren apport!" noch einmal los, doch über ein kurzes kam er wiederum leer zurück. Da stimmte doch etwas nicht!

In nicht eben gehobener Stimmung ging ich zum Wagen; bedeppert folgte mir „Hindu" auf dem Fuße. Die Sache mußte geklärt werden, doch heute war's dazu wegen der inzwischen eingetretenen Dunkelheit zu spät. Also denn auf morgen!

Am anderen Tag fuhren wir schon zeitig ins Revier. Dort, wo ich am Abend zuvor „Hindu" auf der Wundspur angesetzt hatte, legte ich ihm die Schweißhalsung an und ließ mich von ihm auf Lampes Fluchtweg in den Wald führen, was er denn auch gern tat.

So mochten wir, als gelte es einem kranken Stück Schalenwild, in aller Ruhe der Wundspur einige hundert Gänge nachgegangen haben.

Da verhielt „Hindu" auf einmal an einer Stelle im Wald und bewindete sie sehr aufmerksam. Und da sah ich Hasenwolle noch und noch herumliegen und dazu im Waldboden eingesickerten Schweiß.

Und wie ich vollends daneben das Trittsiegel von Reineke fand und unschwer vom Erdboden ablas, daß der Rotrock etwas Gewichtiges fortgeschleppt hatte, da fiel es mir wie Schuppen von den Augen: war es doch mein Hase, dessen Todesklage ich gestern abend gehört hatte!

Und ihn hatte sich anschließend dieser Erzschelm von Fuchs angeeignet und in Sicherheit gebracht. Ein willkommenes gefundenes Fressen für ihn!

Ja, den Hasen konnte mein braver „Hindu" wirklich nicht bringen. Und im stillen machte ich mir Vorwürfe, daß ich den Guten, als ich ihn gestern ein zweites Mal wegschickte, so barsch angesprochen hatte.

Nicht viel besser als mir erging es einige Jahre später in einem anderen Revier meinem Jagdfreund Paul H., allgemein „Onkel Paul" genannt.

Er hatte auf dem abendlichen Ansitz einen Hasen beschossen, der mühsam noch ein Topinamburstück annahm.

Alsbald ertönte von dort Lampes Todesklage. Als sie schließlich verstummte und Onkel Paul sich seine Beute holen wollte, war da aber weit und breit kein Krummer zu finden, wohl aber viel Hasenwolle und eine nagelfrische Fuchsspur.

Onkel Paul mochte am nächsten Morgen mit seinem Pudelpointer suchen, soviel er auch wollte – seinen Hasen fand er nicht, zu gut hatte ihn der Fuchs beiseite geschafft.

Wir haben beide sicher kein geistreiches Gesicht gemacht, als wir feststellten, daß uns so ein roter Schwerenöter mir nichts, dir nichts um unsere Beute geprellt hatte. Keiner von uns war in kindlichem Gemüt auch nur im entferntesten auf den Gedanken gekommen, das könnte unser Hase sein, den wir da so jammervoll klagen hörten. Wie leicht hätten wir ihn dann noch dem Fuchs abjagen können – so aber waren wir die Gelackmeierten.

Und die Moral von der Geschicht'?

Nun: Auf Nummer Sicher hast du deinen Hasen erst dann, wenn du ihn wohlverstaut im Rucksack weißt.

Der Volksmund würde sich noch anders ausdrücken, nämlich so: „Wenn du denkst, du hast'n, springt er aus dem Kasten."

HANS JOACHIM GRAF VON SCHWERIN (1902–1985), geb. in Neidenburg/Ostpreußen als Sproß eines alten preußischen Geschlechtes, das 1978 sein 800jähriges Bestehen beging. Nach Gymnasialabschluß führte sein Weg bald zur deutschsprachigen Jagdpresse, deren regelmäßiger Mitarbeiter er wurde. Dazu zahlreiche Beiträge in Tageszeitungen und Hundefachzeitschriften – eine Tätigkeit, in der Graf von Schwerin voll aufging und die seinem Leben Form und Inhalt verlieh. Ab 1949 bis 1972 Schriftleiter von Jagdzeitschriften: zunächst beim „Waidwerk", dann bei der „Deutschen Jäger-Zeitung", deren Hauptschriftleiter er lange Jahre war.

Goldenes Treueabzeichen des Deutschen Jagdschutzverbandes. Anerkannter Richter des Jagdgebrauchshundeverbandes, 16 Jahre hindurch Vorsitzender, später Ehrenvorsitzender des „Jagdgebrauchshundevereines Nordhessen", weitere Ehrungen durch Zucht- und Prüfungsvereine.

Der Präzise

Prognosen, die sich im Hinblick auf den Ort des Austretens eines Stückes Wild so haargenau erfüllen wie beim Schwarzen aus Westfalen, wirken auf Gäste natürlich immer imponierend. Bis zu ihrem Höhepunkt gesteigert wird aber diese Wirkung, wenn die Voraussage sich auch noch auf den Zeitpunkt des Erscheinens miterstreckt und dann auch für diesen zutrifft.

Ein in seiner Präzision nicht mehr zu überbietendes Zusammentreffen beider Punkte sollte sich bei meinem ersten Bock in Bruschewitz erfüllen. Die in seinen Wald, die Felder und Wiesen eingebetteten Karpfenteiche mit ihren hoch und breit verschilften Uferzonen und den Blänken in der Mitte bestimmten dort den Gesamteindruck nicht weniger als die eigenartige Stille. Obwohl man von diesem oder jenem der Schläge sogar Breslaus Türme – der Elisabeth- und Sandkirche wie des Doms – in den Saum des Himmels stechen sah, waren Hof und Schloß von Bruschewitz doch so verschwiegen, da es gleichsam inselartig zwischen einigen der Gewässer angelegt war, daß sich ein Nichteingeweihter nie dorthin verirrte. Und diese Verborgenheit mag dann auch zu seinem Reichtum an Niederwild und weiter dazu beigetragen haben, daß dort geradezu erstaunlich starke Böcke wuchsen. An beidem hatte aber sicher auch das Gleichmaß der Behandlung der Reviere guten Anteil, das in dem getragenen Lebensstil und -ablauf innerhalb der Mauern des langgestreckten, alten Fachwerkschlosses seinen altbewährten Grund fand.

Der Herr über Schloß und Liegenschaften war mein Onkel Moritz Strachwitz, der sich für seinen Teil zwar ganz gewiß den Vorwurf nicht zu machen brauchte, das vernachlässigt zu haben, was man gemeinhin die heiteren und leichten Seiten unseres Lebens nennt. Als ich ihn kennenlernte, hatten sich diese für ihn aber schon so weit vermindert und verlagert, wie es seinen inzwischen aufgestuften Jahren angemessen war, so daß er sich auch jagdlich – einstmals ein sehr wesentlicher Inhalt seines Lebens – vorzugsweise mit Berichten und Geschichten wie der

Oberleitung der Reviere und der größeren und kleinen Jagden begnügen mußte.

Es sind dies jene Fälle, in denen die Anzahl von Bewerbern auf ein jagdliches Vergnügen, unter denen Bockanwärter meistenteils zuerst bemerkbar werden, sprunghaft hochzuschnellen pflegt – noch dazu, wenn ein jagdlich interessierter Sohn des Hauses nicht vorhanden oder schon nicht mehr daheim ist.

Obwohl man nun auch in Bruschewitz, wie fast allgemein in Schlesien, zu einer „großen" Jagd erst nach einer viel längeren – persönlichen wie jagdlichen – Erprobung und Bewährung eingeladen wurde, als sie der Erlaubnis, einen Bock zu schießen, vorgeschaltet waren, gab es dort doch auch für diese eine einigermaßen feste Ordnung. Ihr zufolge stieg auch ich erst später in die Reihe jener auf, die bei jedem Dortsein ohne weiteres ihren Rehbock schießen konnten oder gar schon vorher auf ihn eingeladen wurden. Und so hätte auch der Bock, von dem ich hier berichte, ohne ein besonderes Doppelspiel des Zufalls zumindest mich zu jener Zeit noch nicht zu fürchten brauchen.

Da war zunächst der alte Jugendfreund des Onkels, der als zweiter Sohn eines der nachbarlichen Güter die Offizierslaufbahn beschritten hatte und diese nach dem Ersten Weltkrieg vorzeitig beendet sah. Als Junggeselle auch nicht familiär gebunden, konnte er somit über seine Zeit beliebig oft und lange frei verfügen und pflegte sie so einzuteilen, daß er nach Bruschewitz als Gast im Mai kam, um bis zum Christfest dortzubleiben. Als Jagdgast rangierte er mithin schon zeitlich an der ersten Stelle.

Seine weitreichenden, wenn auch wohl niemals scharf umrissenen Kompetenzen hatte er in jenem Sommer nun aber doch einmal ganz deutlich überschritten, als er einen starken Achter streckte, den sich der Onkel als wohl letzten Rehbock seines Lebens ausdrücklich für sich selber vorbehalten hatte. Die Enttäuschung war bei diesem denn auch derart tief, daß alle Beteuerungen des Freundes, den Bock verkannt zu haben, keinen Glauben fanden und ihm sogar das Gehörn (zumindest vorerst) nicht belassen wurde – von weiteren Böcken für ihn ganz zu schweigen.

In diesen noch taufrischen Ärger fiel nun mein Besuch. Als nicht weniger bedeutsam erwies sich aber auch der Umstand, daß man dem alten Jäger Procksch soeben zur Entlastung einen jungen Jagdbeflissenen beigegeben hatte, der ihn möglicherweise später überhaupt ersetzen sollte. Brennend vor Eifer und vor Ehrgeiz, seine Eignung nicht zuletzt auch für dieses Fernziel nachzuweisen, meldete er dem Onkel gerade während meines Dortseins einen, wie er sagte, Kapitalbock, dessen Gepflogenheiten er nach Ort und Zeit genauestens angab.

Mit ihnen hatte es insofern eine eigene Bewandtnis, als der Bock durch sie sogar im Doppelsinn zu einem regelrechten Grenzbock wurde. Seinen Tageseinstand nahm er nämlich in einem nachbarlichen Waldstück, von dem er zur abendlichen Äsung auf die Felder wieder eines anderen Nachbarn auszog. Nur dabei aber, wie beim frühmorgendlichen Rückwechseln, berührte er vorübergehend Bruschewitzer Boden in Gestalt der Spitze einer Kieferndickung, die sich zungenartig zwischen Wald und Feldmark einschob und von seinem Wechsel quer durchschnitten wurde.

Dieser Umstand mag des Onkels Interesse an der Meldung in besonderem Maße geweckt haben, da er sich, wie es ja leider oft so ging, mit seinen allernächsten Nachbarn nicht zum besten stand. Er zögerte jedenfalls nicht einen Augenblick, den Bock zum Abschuß zu bestimmen; und zwar durch mich, der ich als erster gerade dastand.

So schmal nun bereits unser Recht und Anteil an der Bühne war, auf der sich der Auftritt dieses Bockes vollzog, so eng mußte entsprechend auch die Spanne Zeit sein, die zu seiner Nutzung überhaupt nur zur Verfügung stand: Würde der Bock normalerweise doch nur wenige Minuten nötig haben, um die Dickungsspitze zu durchwechseln. Hiezu wußte unser neuer Jagdbeflissener aber noch etwas beizusteuern: Daß sein Kapitaler nämlich in den letzten Tagen regelmäßig zur gleichen Uhrzeit, und zwar um 17 Uhr und 6 Minuten, vom Wald in die Dickung eingewechselt sei.

Wenn es überhaupt einen angebundenen Bock gab, so schien es also wohl dieser zu sein. Und so saß ich denn am nächsten Nachmittag voll Spannung am „Tatort", wo es allerdings, wie oft, schon nicht mehr ganz so einfach aussah. Die Dichte der Dickung machte es nämlich fast überall unmöglich, stehend oder auf dem Jagdstock sitzend, selbst die nähere Umgebung einzusehen. Man mußte sich schon auf die Erde setzen, um wenigstens das dichteste Genadel über sich zu lassen und unter dem Dickicht hindurchzublicken. Einen solchen Ansitz hatte denn der Jäger auch schon für mich ausersehen, aber selbst von ihm aus konnte es recht zweifelhaft erscheinen, ob man von einem Reh, das da irgendwo durch dieses Gewirr zog, sehr viel mehr als gerade nur die Läufe sehen würde. Und selbst für den Fall, daß es tatsächlich jene leidlich freie Stelle überquerte, die man von meinem Platz auf etwa 25 Gänge durch Gezweig und Stämmchen sehen konnte und die in seinem Wechsel liegen sollte, würde man schon sehr rasch handeln müssen, um es dort noch abzufassen.

Erschwerend fiel dazu noch weiters ins Gewicht, daß ja die Grenzen des Reviers in einem regelrechten Halbkreis in der allernächsten Nähe um uns lagen und das Verhältnis zu den Nachbarn einen Schuß der den Bock nicht an die Stelle bannte, nicht gerade wünschenswert erscheinen ließ. Da ich den anwechselnden Bock vor besagter freier Stelle überhaupt nicht würde sehen können, hatte sich der Jäger deshalb einige Schritte von mir derart angesetzt, daß man dies wenigstens von ihm erhoffen konnte. Ein Kopfnicken seinerseits sollte bedeuten, daß es sich bei heranziehendem Wild um „unseren Bock" handelte. Die Zeit, ein Reh, das über jenes winzige Fleckchen Schußfeld zog, noch anzusprechen, würde nämlich kaum verblieben sein.

Da saß ich nun also in der Dickung auf dem braunen Nadelboden rücklings an einem Kiefernstämmchen, den Drilling entsichert auf den Knien haltend. In der inzwischen eingetretenen

Totenstille wanderten meine Blicke vom Jäger zu der kleinen Lichtung und zurück, um sich dazwischen an das Zifferblatt der Armbanduhr zu heften. Und wie immer, wenn sie mit im Spiel ist und das erwartete Ereignis nicht irgendwo beliebig in dem großen Fluß der Zeit liegt, steigerte sich die Spannung um so mehr, je näher die angegebene Uhrzeit als Minute der Entscheidung heranrückte.

Ich war geneigt zu zweifeln – und auch wiederum zu glauben. Wenn irgendwo, dann mochte dieser so entlegene Winkel eines überdies noch derart stillen und behüteten Reviers dem Wild die Möglichkeit belassen haben, Gewohnheiten auszubilden und an ihnen festzuhalten, die zu einer Wandlung ohne Störung keinen Anlaß haben. Ich sah auf den Wechsel, sah auf die Uhr, die die volle Stunde nun bereits um vier Minuten überschritten hatte, sah wieder auf den Jäger – und wollte es kaum glauben, als er den Kopf ganz langsam in Richtung einer für mich nicht einsehbaren Stelle etwas links der Lichtung senkte.

Das Herz schlug mir bis zum Halse, als ich den Drilling stach und auffuhr – um fast im selben Augenblick die Läufe eines Rehes auf der Lichtung und über ihnen hinter Zweigen, Ästchen und Genadel nur noch wie einen Schatten den dazugehörigen Wildkörper wahrzunehmen. Man sah die Läufe sich wie Pendel leicht bewegen und das Ganze sacht und stetig nach der rechten Seite hin verschieben – und indes das Goldkorn meines Drillings in der Kimme mitzog, traf der Blick dahinter immer wieder erst auf Nadeln oder Zweige, die, wohin er auch dem Schatten folgte, diesem boshaft ihre Treue hielten. In einer offenen Spalte war sogar einmal das Haupt erkennbar, das zwischen den Lauschern wuchtig-dunkel irgendwelche Stangen trug. Und gerade, als ich ob alledem und angesichts der vollen Nadelsperre, die dem Blick noch weiter rechtsab drohte, zu einer Verzweiflungstat bereit war, geschah so etwas wie ein Wunder. Korn und Kimme stießen plötzlich in eine vorher nicht bemerkte Lücke – hinter welcher der Bock freistand.

Es ließ sich schon damals nicht klären, warum der Bock in diesem einen einzigen für einen Schuß nur möglichen Augenblick verhoffte. Denkbar, daß der Jäger (wie er später sagte) oder (unbewußt) ich selbst gepfiffen hatte – oder der Bock durch irgend etwas anderes gestört wurde. Jedenfalls fanden sich Kimme und Korn plötzlich ruhig vor einem sowohl freien als auch festen gelben Hintergrund – der im Schuß, welcher in der Dickung seltsam platzend widerhallte, wie ein Phantom verschwunden war.

Mir selber schien es noch nicht einmal klar, ob der Bock zusammengebrochen, getroffen oder gefehlt abgegangen war, als ich den Jäger schon begeistert nicken und sich gleich darauf erheben sah. Er ging in die Richtung, wo der Bock gestanden hatte, und nachdem ich ihm ein Stück gefolgt war, sah ich es denn auch schon gelb vom glatten dunkelbraunen Nadelboden leuchten. Das Bild vervollständigte sich beim Näherkommen zu dem eines dort zwar hingestreckten, in den warm gewölbten Formen seines Lebens aber noch erhaltenen Rehbocks, dessen Decke ihre Haare im beginnenden, Spannung erzeugenden Erkalten noch einmal seltsam pelzig aufrecht stellte. Dicht hinterm Blatt war eine kreisrund in die Decke gestanzte, purpurrote Öffnung, aus der als letztes Zeichen eines Lebens, das sich im Inneren noch nicht so ganz ergeben hatte, ein roter Sprudel aufsprang, aus dem blubbernd die blasig von ihm eingefangene Luft zur Vereinigung mit der im Freien drängte. Je mehr jedoch der Motor drinnen nachgab und die Widerstände der Gerinnung und Verspannung um die Wunde stärker wurden, ging dieses Sprudeln in ein Sickern über, das nur noch dann und wann ein schwacher Platzton untermalte – und das bald ganz versiegte.

Diese Bilder, die so eindrucksvoll die Hierarchie der Teile des Organismus an dem Sitz der Kugel zeigen, indem wenige Zentimeter Unterschied zwischen Tod und Leben, leichter und tödlicher Verwundung, rascher Heilung oder quälend langem Siechtum zu entscheiden haben, wurden in der Bruschewitzer Dickung allerdings recht bald von einem anderen Eindruck abgelöst, vom Gehörn des Bockes, das zwar schwarz und leidlich stark und gut geperlt war, aber eben unverkennbar doch nur

Gabelstangen aufwies, die – und dafür machten auch die Freude der Erlegung und die Vorgeschichte mich nicht blind – nirgendwo, geschweige hier als „kapital" anzusprechen waren!

Seltsamerweise schien der junge Jäger alles dieses, aber auch noch anderes nicht zu sehen: daß Gesicht, Figur und Träger des Bockes (und, wie man sich nun wohl auch gestehen mußte, sein Verhalten) typisch für einen Jüngling waren – für den dann auch noch die Zahnabnutzung sprach. Schon gar nicht aber würde er dies zugegeben haben, nachdem der alte Jäger Procksch, der, unerfindlich wie urplötzlich dastand, es ziemlich ungeschminkt umschrieben hatte. Poetisch beflügelt durch eine offenbare Schadenfreude über das, was hier ohne ihn passiert war, hatte er zugleich dramatisch und prophetisch ausgesprochen, daß dieser Bock nur wenige Jahre später ein Gehörn getragen haben würde, wie es die Welt noch nicht gesehen habe!

Die Reaktion des Onkels, dem wir, wie von ungefähr, schon bei der Försterei begegnen sollten, wies kein solches Pathos auf und ließ sich an Kürze nicht übertreffen. Dennoch war das Wörtchen „Na", das er nach flüchtigem Blick auf Bock und Jäger als einziges für beide übrig hatte, gewiß nicht weniger bezeichnend, zumal er es in unnachahmlichem Tonfall ganz langsam in der Zeit zerfließen ließ.

Tatsächlich ist die Geschichte dieses Bockes damit auch noch lange nicht zu Ende, da ich meine, daß sich ein jagdliches Geschehen nur für jene Leute mit dem Abschuß rundet, die sich dem Waidwerk lediglich in einer Weise widmen, wie man sich etwa eine Jacke anzieht, die man nachher einfach wieder in den Schrank hängt. Für die dagegen, in denen die Jagd so tief und weit verwurzelt und verzweigt ist, daß sie allenthalben auch noch andere Seiten unseres Daseins mitberührt, tritt sie mit diesen so in Wechselwirkung, daß ein jagdliches Ereignis von dem allgemeinen Fluß des Lebens nahezu untrennbar werden kann.

Von den drei Akteuren in der Dickung – dem Bock, mir selber und dem Jäger – sollte sie dem letzteren zu einer Art von Schicksal werden. Der Makel, den er nun wohl an sich haften fühlte und der sich für ihn mit unserer Örtlichkeit verband, mag sein Bestreben, ihn zu löschen oder wenigstens doch auszugleichen, gerade dort zu einem Schritt verleitet haben, den er an anderer Stelle vielleicht doch nicht ganz so übereilt getan haben würde. Da sah er also eines Tages einen Mann sein Fahrrad längs der Kante jener Dickung schieben. Er rief den Mann, den er für einen Wilderer hielt, mit schon angeschlagenem Drilling an. Der Mann machte indes Miene, in die Dickung einzudringen, nicht ohne sein Rad vorher sorgsam an der Kante in das Gras gelegt zu haben. Dies gab genügend Zeit, ihn noch einmal anzurufen, und als auch darauf keine Reaktion erfolgte, eine Kugel loszuwerden, bevor jener noch ganz verschwunden war. Die lauten Weh- und Hilferufe, die nun folgten, ließen den mutigen Grünrock bald zum Tatort schreiten. An ihm fand sich mit zerschossenem (Gottlob nur!) Unterschenkel der friedliche Bewohner eines Nachbardorfes, der die Dickung zur Verrichtung eines ganz natürlichen Bedürfnisses ausersehen hatte, bei dem dennoch jeder gerne ungestört und allein ist und der so stocktaub war, daß kein noch so lauter Anruf sein Bewußtsein je erreichte. Da dieser Tatbestand so klar war, mußte unser junger Jagdbeflissener Bruschewitz verlassen und Procksch sich wiederum allein behelfen.

Was, zweitens, mich betraf, so fühlte ich mich umgekehrt von der Schattenseite des Geschehens in der Dickung um so weniger betroffen und belastet, je weiter wir sie hinter uns gelassen hatten. Und je mehr ich mir erfolgreich vorkam und je ungetrübter daraufhin die Sonne meiner Freude aufschien, desto mehr vergoldete sie zunächst den Rest des Tages. Das galt besonders für die eine von zwei jungen Damen, die für den Abend aus Breslau zu Besuch gekommen waren und von denen „sie" nicht nur ein „Wiener Baronesserl", sondern überdies mit allen charmanten Attributen ausgestattet war, die man dieser Art von Menschenkindern zuschreibt.

Der Onkel, dessen Blick für solche Dinge aus seiner eigenen einstigen Praxis noch geschärft war, liebte es überdies, sie seinerseits zu fördern, worin er gelegentlich sogar beachtliche Erfolge hatte buchen können. In diesem Fall griff er in das weitere Geschehen damit ein, daß er mich zu der bevorstehenden Hochzeit seiner jüngsten Tochter einlud; wobei mir hinsichtlich der Dame, die ich dabei zu führen haben würde, keine Zweifel bleiben konnten.

Trotz dieses mehr als guten Anfanges und der reibungslosen Weichenstellung riß der erst so kurze Faden aber schon am Polterabend wieder ab, und zwar aus Gründen, die wiederum mit Jagd, und das sogar sehr viel zu tun hatten, wenn auch nicht mehr mit einem Rehbock.

Zum Polterabend und zur Hochzeit war vom Onkel nämlich noch ein anderer junger Neffe eingeladen worden, und das auf dessen ausgesprochenen Wunsch, den er aus dem für mich sehr schmeichelhaften Grund geäußert hatte, bei der Gelegenheit mit mir bekannt zu werden. Sein Leben war, falls möglich, noch mehr von der Jagd beeinflußt als ich es von mir sagen konnte und er hatte mit Begeisterung etliches von dem gelesen, was ich in den verschiedenen Jagdzeitschriften seither geschrieben hatte. Das alles verstrickte Heinrich Saurma und mich sogleich in eine rege Unterhaltung, durch die das „Baronesserl", dessentwegen schließlich ich zur Hochzeit eingeladen worden war und deren Reizen gegenüber auch mein neuer Freund sich nicht gerade blind zeigte, doch zu kurz kam und sich anderwärts Zerstreuung suchte.

Was Heinrich Saurma an jenem Abend ganz besonders stark bewegte, war ein jüngstes jagdliches Erleben, unter dessen Eindruck er noch völlig stand. Und tatsächlich konnte ja auch der Umstand, daß er noch wenige Stunden vorher nicht weniger als 154 (in Worten: einhundertvierundfünfzig!) Eichelhäher geschossen hatte, zunächst geradezu verblüffen!

Die Möglichkeit zu einer solchen wohl einzigartigen Tagesstrecke hatte sich durch den Einfall von Hunderten, wahrscheinlich geschlossen aus dem Osten eingeflogener Häher in einen kleinen, isoliert im freien Feld gelegenen Eichenwald ergeben. In ihm hatten die Häher – genau das sollte sich in diesem Ausmaß 27 Jahre vorher auch schon einmal zugetragen haben, während in „normalen" Jahren nur ganz kleine Trupps vorübergehend dort Aufenthalt nahmen – hatten die Häher also damit angefangen, die Eichen „abzuernten" und die Eicheln unverzüglich in den Boden zu stecken. Nachdem der Fruchtertrag des Wäldchens ob dieser pausenlosen Tätigkeit der Häherscharen restlos abgeerntet war, hatten sie sich zu gleichem Tun jenen Eichen zugewandt, die einen langen Graben säumten, der stichgerade von dem Wäldchen in das freie Feld hinauslief. Dabei wurde insoweit durchaus systematisch vorgegangen, als mit den dem Wäldchen nächstgelegenen Grabeneichen angefangen und das Werk hier dann Schritt um Schritt allmählich immer weiter vorgetragen wurde. Die Eicheln allerdings, die hier draußen geerntet wurden, pflegten die Häher auffallenderweise nicht mehr wie bisher gleich unter ihren Spendern, sondern wiederum im Wäldchen in die Erde einzupflanzen, wohin sie also jedesmal zunächst zu bringen waren.

Das ununterbrochene Hin und Her von Eichelhähern, das sich damit entlang und oberhalb der Grabeneichen in Richtung Wäldchen und zurück ergab, hatte eigentlich erst die Möglichkeit geschaffen, das Phänomen auch jagdlich nennenswert zu nutzen. Und dies um so mehr, als der den Graben säumende Bestand von Eichen etwa in der Mitte seiner Länge eine lichtungsartige Lücke aufwies, die die Häher überflogen, nachdem ihr Werk bis dort hinaus und über sie hinweg gediehen war. Auf ihr nämlich hatte mein neuer Freund sich aufgestellt gehabt, die Häher, die ihm von vorne und von hinten über den Kopf gestrichen waren, unter Beschuß genommen und so in wenigen Stunden sein ja wirklich staunenswertes Resultat erzielt.

Allerdings war dessen Höhe sicherlich auch noch durch Voraussetzungen mitbedingt, die er, zwecks bester Ausnutzung der wohl einmaligen Gelegenheit, selbst geschaffen hatte – und um mich von der ganzen Angelegenheit durch eigenen Augenschein zu überzeugen, nahm ich die Einladung von Graf Saurma, nach Abschluß des Polterabends mit ihm zusammen auf sein väterliches Gut zu fahren, mit großer Spannung und Erwartung an.

Uns kam dabei der Tatbestand zustatten, daß die Trauung am nächsten Tag (bei der wir als Brautführer beide einigermaßen unabkömmlich schienen) erst um halb vier Uhr sein sollte, während die sonstigen Schwierigkeiten, die sich unserer Planung in den Weg zu stellen drohten, an Ort und Stelle auf dem Leihweg überwunden werden sollten: der Polterabend fand in Breslau statt und nicht in Bruschewitz, wo ich natürlich wohnte und außer meinem Frack, in dem ich steckte, alle anderen Utensilien hatte, die für einen Eichelhäherstrich, jedoch auch einen Nacht- und Vormittagsbesuch in einem fremden Hause weit geeigneter erschienen als das langgeschwänzte schwarze Festgewand. Und ein dritter Faktor endlich: daß wir am gleichen Abend erst ein langes Fest genießen wollten und kaum zwölf Stunden später für ein zweites und nicht weniger ausgedehntes wieder frisch zu sein hatten (ein Gedanke, der mich heute schaudern lassen könnte!) – er wurde von uns mit unseren damals 22 Jahren so geringgeachtet, daß wir beschlossen, uns im Morgengrauen vor den Eichelhähern erst noch einmal nach den Hirschen umzuschauen, von denen an diesem 25. September 1930 sicher nicht nur einer schreien würde.

Diese Hoffnung wuchs, als wir bei unserem Eintreffen um die dritte Morgenstunde in Schloß Jeltsch den Schwager und den ältesten Sohn des Hauses zum gleichen Zweck gestiefelt und gespornt beim Frühstück in der Halle fanden, die ich, vorangegangen, zunächst allein in meiner Festtagspracht betreten hatte – und in der ich, obwohl mit allen vorerst völlig unbekannt, von dem Dritten in der Frühstücksrunde, einem alten Herrn in Nachthemd und Pantoffeln, sogleich auf das herzlichste bewillkommnet worden war. Es war der Hausherr und Vater meines neuen Freundes, der es sich nicht hatte nehmen lassen, selbst noch zu diesem Anlaß und zu dieser Stunde, wenn auch der Bequemlichkeit zuliebe nur im Nachthemd, die Honneurs zu machen. Mit uns, die wir uns dieser Frühstücksrunde nunmehr beigesellten, war die Buntheit der Kleiderordnung damit kaum noch überbietbar.

Leider ließ sich das gleiche von der Hirschbrunft nicht sagen, indem auch nicht ein einziger Ton vernehmbar wurde. Trotzdem kostete die Unternehmung doch mehr Zeit, als wir für sie

vorgesehen hatten und mir im Hinblick auf die Eichelhäher lieb
war – und ließ zudem das Bett, das nach unserer Heimkehr
warm und weich bereitstand, nur noch verlockender erscheinen. So blieben letzten Endes, das Frühstück, späterhin das
Mittagessen und das abermalige Umziehen auch noch abge-
rechnet, für die Eichelhäher (Hin- und Rückfahrt eingeschlos-
sen) nur noch knappe zwei Stunden zur Verfügung.

Diese nach besten Kräften auszunutzen, war vom „Jagdherrn“ ein beachtenswerter Troß von Leuten aufgeboten worden. Abgesehen vom Kutscher, wurde rechts und links vom
Graben je ein Mann als „Melder“ in das freie Feld gestellt, von
denen der eine die Häher, die zum Wäldchen strichen, der
andere dagegen jene, die von ihm zurückgeflogen kamen,
laut rufend ihrer Zahl nach anzukündigen hatte. Diese Maß-
nahme erwies sich als sehr weise, da man die Eichelhäher
von der Lichtung in dem Doppelband von Eichen nicht bereits im Anflug, sondern erst beim Überfliegen der recht kleinen Lichtung sehen konnte, die von den Wipfeln frei gelassen worden war. Es galt somit, nicht nur recht hoch hinauf,
sondern auch sehr rasch zu schießen, wozu man für mich als
damals eingeschworenen Browningschützen denn auch eine
Flinte dieses Typus aufgetrieben hatte, der allerdings der
Zahn der Zeit bereits ihr Korn genommen hatte. Zum raschest-
möglichen Ersatz verschossener Patronen war dann neben
mir ein weiterer Mann postiert, der auf einem ansehnlichen
Tablett einen großen Berg von Munition bereithielt, während
sich ein Förster um die Beute kümmern sollte und sie auch
zu zählen hatte.

So übertrieben dieser Aufwand zunächst scheinen mochte, als
so zweckentsprechend sollte er sich bald erweisen. Schon vor
dem ersten Laden meiner Flinte strichen Häher, turmhoch und
nur für Sekunden zwischen schwer belaubten Wipfelkronen
sichtbar, über unsere Lichtung, und auf ihr Erscheinen nicht
gefaßt, hätte man mit einem Fertigwerden auf sie kaum noch
rechnen können. Dann aber begann das Rufen rechts und links
vom Felde, das nun kaum noch abriß.

Beim besten Willen hätte ich nicht sagen können, mit wie vielen Hähern wir es dort zu tun hatten. Es ließen sich jedenfalls die Häher, die von ihren Erntebäumen kamen, auch an ihren prall gefüllten Kröpfen gut von denen unterscheiden, die deren Last im Wäldchen abgeladen hatten und nun zu neuer Tat zurückstrichen. Traf die ersteren ein Schuß, so pflegten sie meist erst einmal ihre Eicheln auszuspeien, so daß ein solcher Vogel in dem Kleckern von bis zu einem halben Dutzend Eicheln, die seinem prall gefüllten Hals entglitten, durch die Äste auf den Boden fiel.

Sagen wir es offen, daß dieser Fall nicht annähernd in dem Umfang eintrat, den ich erhofft und von mir selbst erwartet hatte! Die fast ganz durchwachte Nacht, ihr alkohol- und nikotinverseuchter Auftakt, die viel zu weite Kleidung, von der nur Hut und Unterzeug mein eigen waren, sowie die fremde Flinte mit ihrem für mich viel zu langen Schaft und ohne Korn – das alles mag mir dazu dienen, die bekümmernden Trefferprozente zu erklären, die meine Salven anfangs zu verzeichnen hatten. Und als sich das Blatt ganz augenscheinlich gerade wenden wollte, trat ein vollends unvorhergesehener Umstand ein, der es mir fürs erste überhaupt unmöglich machte, meinen Ruf als Flugschütze bei den mich umstehenden Trabanten wiederherzustellen: die unglückselige Browning sagte ihre Dienste nämlich plötzlich völlig auf – wie sich bald ergab, weil sich in den Patronenberg auf dem Tablett eine solche vom Kaliber 16 eingeschmuggelt hatte, die in der Hast dort unerkannt geblieben und schließlich auch in das Gewehr geschoben worden war, was dessen auf Kaliber 12 geeichter Mechanismus nicht verdauen mochte.

Stets werden mir die kommenden Minuten unvergeßlich bleiben, in denen wir unser Wunderwerk der Technik, mit fliegenden Händen Schrauben oder Muttern lösend und Spiralfedern wie Gedärme aus dem Inneren ziehend, ausweideten und in seine Bestandteile zerlegten, die sich wie ein Sortiment aus einem Handwerkskasten über das Tablett ergossen – indessen die Eichelhäher augenscheinlich gerade diese Spanne dazu aus-

ersehen hatten, mit besonderem Eifer über unseren Köpfen hin
und her zu streichen, begleitet von dem pausenlosen Rufen unserer Melder, die man nun zur Hölle wünschte, da sie nicht
eben förderlich auf die Besonnenheit des Handelns wirkten.
Und ebensowenig werde ich, als ich die so mühsam wiederher-
gestellte Flinte gerade laden wollte, die zaghaft vorgebrachte
Frage des Patronenträgers je vergessen, ob die kleinen Schräub-
chen, die sich in der Hast des Zusammenbaues zwischen den
Patronen unserem Augenmerk entzogen hatten, zur Funktion
nicht auch vonnöten seien?!

Um es kurz zu machen: Wir ergaben uns in unser Schicksal,
fingen die manuelle Analyse und Synthese nochmals ganz von
vorne an, um sie beide, nunmehr gefördert durch Ruhe und Erfahrung, sehr viel rascher zu beenden – und schließlich doch nur
gerade noch die Zeit für ein paar Schüsse übrig zu behalten. Sie
lagen sehr viel besser und rundeten die Strecke zwar nicht auf
die fast schon sagenhafte Zahl des Vortags, aber immerhin doch
auf ein Dutzend – und damit auch schon auf ein Tages- oder
besser Stundenresultat, das ich seither bei diesem „Wild" nicht
mehr erreichen sollte und wohl auch mit Sicherheit nie mehr
erzielen werde und das deshalb in der Erinnerung nicht weniger haftet als das Erlebnis gleich so vieler, so fest in ihrem Hor-
tungstrieb befangener Eichelhäher, daß ihn nicht einmal Schüsse lockern und in seinem Ablauf ändern konnten.

GOTTHILFT VON STUDNITZ (†), *einer der ältesten mährisch-schlesischen Familien entstammend, geb. 1908 als Sohn eines Marineoffiziers in Kiel. Nach dem Studium der Zoologie an den Universitäten Kiel und Breslau folgten einige Assistenten- und Dozentenjahre in Kiel sowie an der Martin Luther-Universität in Halle an der Saale, wo der Autor 1942 den Lehrstuhl für Zoologie übernahm. Infolge seiner großen Leidenschaft für das Waidwerk hat er jedoch den Kontakt zum Tier in freier Wildbahn nie verloren und ihn als Ergänzung zu seiner beruflichen Forschungsarbeit gewertet. 1951 wurde Studnitz mit einer besonderen Aufgabe betraut: der Wiedererrichtung des im Krieg völlig zerstörten Lübecker Naturhistorischen Museums – eine Aufgabe, die ihn 22 Jahre lang voll erfüllte.*

Karl-Heinrich Reichsfreiherr von Tinti

Des edlen Ritters unrühmliches Ende

„Magst an Hahn?" „No, na!" Dieser kurze, unwaidmännische, aber
unter alten Freunden völlig ausreichende Wortwechsel war der
Auftakt zu einem seltsamen Jagderlebnis, der Erlegung meines
ersten und einzigen Großen Hahnes.

Es gibt einen alten Jägerspruch: „Schießt du den Hahn vor Geor-
gen, mußt du's Treten der Hennen selber besorgen!"

Da wir Menschen hiefür völlig ungeeignet erscheinen, sah uns
zwei Freunde erst Anfang Mai ein schöner Abend im Anstieg zu
einer Hütte in den obersteirischen Bergen. Oben empfing uns
der Jäger Hias mit guten Nachrichten. Er habe auf der Schneid
Hahnen verlost, soeben einen davon beim Abendeinfall am ge-
wohnten Schlafbaum bestätigt und morgen früh würde es schon
„schnalzen" – hundertprozentig. Lange saßen wir noch in der
traulichen Hütte beim ruhigen Schein der Petroleumlampe, die
immer mehr den zischenden Gasbrennern weichen muß, bei-
sammen. Das Feuer im Herd prasselte, der Wasserkessel summte und lieferte nachher etwas mehr als 50 Volumsprozente eines
zünftigen Jagertees. Erinnerungen wurden ausgetauscht, und
die zwei erfahrenen Hahnenkämpen tischten sagenhaftes Jägerlatein über ihre Auerwildjagden auf. Was Wunder, daß wir die
Zeit übersahen und erst spät zu einem kurzen Schläfchen in die
Betten fielen. Bald schon rüttelte uns Hias wieder wach, und
der Aufstieg in der kühlen Nachtluft begann. Hias trug eine uralte Hahnlaterne voran, wir stapften vorsichtig hinterher. Noch
bei völliger Finsternis hatten wir, nahezu lautlos, ein geschütz-
tes Platzerl hinter einer mächtigen Fichte erreicht, von wo aus
wir den Hahn anspringen wollten. Jetzt hieß es warten. Unendlich langsam wich die Nacht. Da – ein erster Laut in der Stille
der Dämmerung, ein Knappen des Hahnes. Er begann zu balzen, aber – o weh! – drüben über der Grenze, die nun mal, wie
alle oben am Berg, über die Schneid verlief. Der Hahn hatte sich am
Abend noch einmal überstellt und begann sich, uns zum

Hohne, beim Nachbarn einzuspielen. Gesetzel auf Gesetzel folgte. Hias sah bekümmert drein. Dann flüsterte er: „I geh an andern Hahn suachen", und verschwand lautlos, wie vom Erdboden verschluckt. Kaum aber war er weg, rumpelte es drüben, der Hahn ritt ab, aber – o Wunder – zu uns her und fiel auf einem Schneefleck auf unserer Seite der Grenze ein. Dort begann er eine lebhafte Bodenbalz, sprang hoch und marschierte mit gefächertem Stoß und gerecktem Stingel auf und ab. Das Ganze keine 15 Schritt weit – nur die mächtige Fichte deckte uns. Mittlerweile war es schon grau geworden. Als der Hahn durch den Baum gedeckt unseren Augen entschwand, hob ich leise die Büchsflinte auf die andere Seite des Stammes und wartete, bis er wieder in Anblick kam.

Im Mündungsfeuer war der Hahn verschwunden. „Waidmannsheil", meinte mein Freund, „der liegt. Schade, daß er uns das Anspringen erspart hat." „Ich war nervös genug", gestand ich und beruhigte die fliegenden Pulse mit dem obligaten „Doppelten".

Durch den Schuß war auch Hias plötzlich wieder da, und wir machten uns die paar Schritte auf, um den Hahn zusammenzuklauben. Wer aber beschreibt unser Erstaunen und mein Entsetzen – der Hahn war nicht da. Nicht da und nicht dort – einfach weg. Unmöglich, daß ich ihn gefehlt hatte – abgeritten war er sicher nicht. Der klare Morgen zog herauf, ein strahlender Tag begann. Für mich war es noch rabenschwarze Nacht. Hias setzte seinen Jagdterrier am Schneefleck an, und der begann nun eifrig nachzusuchen. Hierhin und dahin, wieder zurück und von neuem. Dann hatte er etwas in der Nase und zog an. Vor einem verwitterten Baumstrunk verhielt er, den Fang vorgereckt, einen Vorderlauf angewinkelt. Dann aber stieß er in den Stock hinein und – den Hahn hinten heraus. Jetzt begann eine sehr unwaidmännische, aber unvergeßliche Jagd. Der Hahn, nur geflügelt und noch gut zu Fuß, lief in unglaublicher Schnelligkeit davon, machte Haken wie ein Hase, so daß der Hund ihn oft überlief und vorbeistieß. Endlich hatte er ihn zu fassen – aber es blieb ihm nur eine Stoßfeder im Fang – der Hahn war dahin. Der Hund wieder hinterher, nachdem er sich von seiner Überra-

schung erholt hatte. Und so ging es Ho-rüd-ho durchs Holz, bis
der edle Ritter kahlgerupft war, der Hund ihn niederzog und
wir ihn – atemlos hinterher gerannt – federn, oder besser, mit
dem Taschenfeitel knicken konnten. Wir wußten nicht, ob wir
lachen oder weinen sollten. Die Situationskomik war einerseits
umwerfend, das Ganze aber zum Heulen. Dann gingen wir auf
die Suche und haben alle, alle 18 Stoßfedern gefunden, die heute,
als sei nichts geschehen, den präparierten Hahn schmücken.

Aber wenn ich vor dem Hahn stehe, so erinnere ich mich nicht
nur an dieses seltsame Jagderlebnis. Ich denke vor allem an meinen Freund, der auf die Erlegung dieses schon so seltenen, urigen Wildes, das nur noch fallweise und in beschränkter Stück-
zahl zum Abschuß freigegeben wird, verzichtet hat, um mir, seinem Freund und Jagdgenossen, eine große, große Freude zu
bereiten.

*PROF. DIPL-ING. KARL-HEINRICH REICHSFREIHERR VON TINTI hält Dia-
vorträge über seine ausgedehnten Weltreisen und spricht in seinen Jagderzählungen mit größtem Erfolg auch den Nichtjäger
an.*

Clemens Georg von Walzel

Jagen und Sagen im Riesengebirge

In den Tälern des Riesengebirges, ebenso in der davor gelegenen Kette des Rehorns, wurde schon im frühen Mittelalter Bergbau betrieben, wobei nach Kupfer, Silber, Kobalt, Graphit und Halbedelsteinen geschürft wurde. Die späteren Fundstellen weisen teils auf Tagbau, teils auf tief in die Berge getriebene Stollen hin. Die Vortriebe waren oft so eng, daß nur sehr klein gewachsene Menschen darin ihre schwere Arbeit verrichten konnten. Aus alten Berichten geht hervor, daß – bei der Werbung der Bergherrn – für die Hauer ein bestimmtes Maß vorgeschrieben war, was den Verdacht aufkommen läßt, daß auch Kinder zu dieser überaus harten Tätigkeit herangezogen wurden. Um Licht in die oft steil nach unten führenden Gänge zu bringen, wurden Ölfunzeln verwendet, kleine Laternen, versehen mit einem Hanfdocht, der das Öl einer nach oben offenen Kugel absaugte. Eine solche Lampe sowie andere uralte Bergwerksutensilien waren im Besitz meines Großvaters in Marschendorf. Alle gingen leider in den Wirren von 1945 verloren.

Damals mag so manches Gerücht über Zwerge aufgekommen sein, die den Nährboden für Sagen oder Märchen lieferten, Geschichten, die von Generation zu Generation weitererzählt wurden.

Zudem murmelten und rumorten unterirdische Wasseradern im ganzen Gebirge. In den vielen Höhlungen einstürzende Felsenteile konnten als Hammerschläge gedeutet werden. Wegbrechendes Hochwild wurde zur dahinbrausenden Reiterei.

Kam Sturm auf, fing sich der Wind in den fächerförmigen Felsgebilden von „Rübezahls Handschuh", unter überhängenden Steinterrassen und riesigen Schneewehen. Das klang einmal wie improvisiertes Orgelspiel, dann wieder wie das Heulen, Schreien und Wimmern armer Seelen, auch wie eine Jagd mit Meuten, um schließlich in absterbendem Klageton zu enden. So erlebte Stürme führten natürlich zu immer neuen fantastischen Berichten, denen ja stets ein Körnchen Wahrheit anhaftete.

Auch in unserer näheren Umgebung rankten sich Sagen und Märchen um eine in der Höhe aus dem Wald ragende Felsengruppe, den „Blaustein" und den „Harfenstein". So von der Kreuzotterkönigin, die ein Krönlein aus Perlmutt trug, von nie wiederkehrenden Wanderern, die an Tagen, an denen die Otternkönigin Hof hielt, in die Felsen stiegen, angelockt von dem Licht, das ein riesiger Goldschatz hinter einer geöffneten Felsplatte ausstrahlte. Vom Harfenspiel wurde berichtet, das in bestimmten Sommernächten aus dem Felsen klang – und vieles mehr.

Als Junge glaubte ich all diese Geschichten nur zu bereitwillig. Zunächst mied ich diese Stellen, vor allem bei eintretender Dämmerung, wenn Käuzchen ihre kurzen Klagerufe erschallen ließen.

Nur bei hellem Sonnenlicht benützte ich einen schmalen Wildwechsel, der am Fuß des „Harfenstein" vorbei in einer Fichtendickung mündete, oft auch mit meinem schwarzen Pony, das mit seinen Vorderhufen vorsichtig jeden glatten Stein abtastete. In Begleitung dieses schnaubenden, schneidigen Wesens kamen bei dem Zehnjährigen erst gar keine ängstlichen Gefühle auf.

Später benützte ich diesen Steig im Laufe vieler Jahre auch bei Wind, Wetter und Regen, immer voller Spannung, vielleicht doch einmal den Klang zu hören, der dem Felsen seinen Namen gegeben hatte. Ja, ich baute auch unweit eine Schutzhütte, besser, ein dichtes Schutzdach aus starken Tannenästen, unter dem Roß und Reiter vor den Unbillen des Wetters geschützt waren. Oft und oft kam ich vorbei, hielt das ferne hohe Bellen eines Fuchses für „Harfenklänge", wohl deswegen, weil ich solche nie vorher gehört hatte.

Lautes Schrecken eines Rehes, dessen Echo von den Felswänden vielfach zurückgeworfen wurde, verursachten anfangs keine geringe Panik mit folgendem raschen Abstieg in die freundlicheren Gefilde der Wildwiesen. Natürlich schämte ich mich nachher furchtbar und behielt diese Erlebnisse immer für mich.

Um den „Blau- und Harfenstein" sowie die darunterliegenden Wiesen und Dickungen ereigneten sich später, Jahr um Jahr,

Jagderlebnisse, die in allen Einzelheiten in meinem Gedächtnis haften geblieben sind. Ob Birkhahnbalz, Hirschbrunft hoch über der Reviergrenze, Winterfüchse, heimliche Rehböcke, Begegnungen mit absonderlichen Pilzweibern, manchmal auch mit etwas verwirrten Besuchern des nahen Thermalbades, die nicht mehr recht wußten. wo sie gerade waren und erleichtert redselig wurden, weil ihnen Roß und Reiter den Weg wiesen. All das ließ mir mein Leben in der geliebten Riesengebirgsheimat wunderbar erscheinen.

Frühling, Sommer, Herbst und Winter, immer von neuem Blumen, Farben, warme Regengüsse, die Wald und Wiesen dampfen ließen, dann Sommertage ohne Schulzwang, dafür morgens, mittags, oft bis in die späten Abendstunden Wohlbehagen durch tausend Gerüche, die Wald und Wiesen ausströmten, Jagd auf den roten Bock, sparsam in der Auslese. Oft freudig berührt von einer guten, reifen Trophäe.

Ende Oktober liegt meistens schon Schnee. Allerheiligen fährt die ganze zahlreiche Familie mit dem Kutschwagen zur Gruft der Altvorderen nach Wiesen, einem kleinen Ort an der ehemals böhmisch-schlesischen Grenze, im 13. Jahrhundert Ziel westfälischer und niederdeutscher Siedler.

Ein besonderes Ereignis für uns Kinder: das schöne, alte weiträumige Haus, die „Schmölzerei". Großvater Maximilians Bruder, Großonkel Hugo, mit langem, wallendem, weißem Bart und ebensolchem Haupthaar, das über die Schultern reicht, hält für den jährlichen Besuch immer viel Schönes bereit. Auf dem riesigen Dachboden mit geheimnisvollen Kammern und Nischen werden Spiele gespielt, die sonst nirgends möglich sind. Die Großtante hat im schönen Biedermeierzimmer Streusel-, Mohn- und Pflaumenkuchen vorbereitet. Schwer fällt der Abschied zur stundenlangen Heimfahrt. An der Gruft der Generationen hören auch wir Kinder andächtig den Worten des Pfarrers zu.

Weiter türmt sich der Schnee in den Bergen und Tälern des Riesengebirges. Mit Skibrettern aus Eschenholz, damals noch mit primitiver „Potschenbindung" versehen, geht's hinauf ins Revier, an Wochenenden und freien Tagen auch zur Wiesenbaude, Gayergucke, Fuchsberg, Peterbaude und vielen anderen. Nachmittags folgen lange weiche Abfahrten durch den Blaugrund oder Weißwassergrund nach Petzer oder Spindelmühle, End- und Ausgangspunkt vieler Wanderwege. Hier wartet ein geräumiger Schlitten, gezogen von zwei kräftigen Apfelschimmeln, gelenkt von dem dick eingemummten Kutscher, der die ganze Kinder- und Gästeschar nach Hause bringt.

Was für wunderbare, was für glückliche Jugendjahre! Ferien sind dabei im Sommer und Winter, Fuchspaß in mond- und sternenklar funkelnden Nächten, Feste, Weihnachten in der alten Mühle, Silvesterfeiern, erst zu Hause, dann Fortsetzung zeitig am Morgen mit langem Aufstieg auf die Wiesenbaude.

Auf meinen Streifzügen begegne ich Menschen, denen ich mich oft verbunden fühle. Jäger, Bergbauern, einsame Wanderer, schließlich Freundinnen, für die die Flamme oft hoch lodert ... um wieder zu verebben, aber eine bleibt stets in der Erinnerung.

Jedes Jahr bringt Neues. Da und dort kommen Jagdeinladungen von nah und fern. Ich lerne Ungarn kennen, wo Verwandte im Süden ein Gut besitzen, auf dem es von Hühnern und Fasanen nur so wimmelt.

Ende Juli 1936 bleibt das Wetter zauberhaft bis weit in den August hinein. Sommerferien, Jagen, Reiten, sommerliche Feste. Eines Morgens gegen drei Uhr radle ich mit dem Fahrrad das Seifental entlang zur Jungviehweide, pirsche dann langsam den Buchenwald an der Seifenbachbrücke nach oben bis zur Jagdgrenze, dann weiter, einen Steinwall entlang, in Richtung der Blau- und Harfensteine.

Am Waldrand lehne ich meine Kipplaufbüchse an einen Baum, lasse mich am Rucksack nieder und beginne nach einer guten Weile zu fiepen, leise piii ... pii piiiee ... Pause – und nach 10 Minuten nochmals dasselbe. Weit unten in den Wiesen tritt ein Reh aus, äugt nach oben, um rasch wieder zwischen Erlenbüschen zu verschwinden. Nach nochmaligem „Piieeh" folgt eine wilde Flucht in meiner Richtung. Dreißig, vierzig Schritt vor mir hält das Reh abrupt – leicht anzusprechen als ganz alter

Bock, starker Träger, mächtiger Wildkörper, über den Lauschern bis oben geperlte Stangen. Sekunden danach liegt der Bock im Feuer. Erfreut gleiten meine Hände über die mit dichten Perlen geschmückten Stangen.

Warm ist die Nacht, die ersten Sonnenstrahlen dringen heiß durch die Leinenjoppe. Der Bock mit einem prächtigen Eichenbruch im Äser liegt neben mir. Ein wohliges Gefühl verleitet zum Ausruhen, bis mich ein leises Scharren hinter mir herumfahren läßt.

Zwei klobige Schuhe sind das erste, was ich sehe, dann in graue Gamaschen gewickelte Waden und schließlich darüber ein Wesen, das der Bezeichnung Waldschratt alle Ehre macht. Stumm schaut diese sonderbare Gestalt auf mich herunter, dann auf den Bock! Mein „Grüß Gott" bleibt unbeantwortet. Still und stumm bleibt der Waldschratt stehen, ein bißchen komisch ist mir schon zumute. Nochmals versuche ich eine Ansprache, doch vergebens! Schließlich stehe ich auf in der Absicht, den mit allen vier Läufen verschränkten Bock auf meine Schulter zu hieven. Im gleichen Augenblick hat das Wesen seine Sprache gefunden. „Liegen lassen", zischt er, entfernt sich ein paar Schritte in Richtung Berghang, dreht sich um und macht mit seinem dicken Kopf eine unmißverständliche Bewegung. „Mitkommen!" kann das nur bedeuten. Der Weg ist mir fremd, führt aber in die Höhe bis zu den Felsengruppen. Zwischen meinem Führer und mir ringelt sich plötzlich eine große, so nie gesehene schwarze Natter über den Weg. Und dann steht, in bläuliches Licht getaucht, der „Harfenstein" vor uns. Der Schratt sieht mich mit stechendem Blick an, zieht einen Beutel aus dem Inneren seiner undefinierbaren Kleidung, entnimmt dem Behältnis einige dunkle Tabakrollen, an denen er genüßlich zu kauen beginnt. Die Sonne steht schon fast im Zenit, ohne daß sich an dieser seltsamen Szene etwas ändert. Plötzlich kommt aus dem Inneren des steilen Felsens ein rollendes, grollendes Geräusch, große Steine lösen sich aus der Wand, springen krachend über unseren Köpfen in die Tiefe und schlagen dumpf auf weichem Waldboden auf. Ein Donnerschlag zerreißt nochmals die eingetretene Stille, dann saust und klingt es um uns herum, ebbt auf und ab, um in einem nachklingenden sanften Ton zu enden. Nur ein Gedanke hält mich gefangen, der „Harfenstein" hat sich mir offenbart. Voll Stolz und Freude suche ich den Blick des Bergschratts, aber der ist von der Bildfläche verschwunden, nur der Ast einer Tanne ragt aus einer Felsenplatte heraus, sichtlich durch die Bewegung im Berg eingeklemmt. Wie gebannt bleibe ich eine ganze Weile stehen! Nichts geschieht mehr. Endlich trete ich den Weg hinunter zu den offenen Wiesen an. Beim Bock und der abgelegten Büchse angelangt, lehne ich mich an einen Baum und versuche, das Erlebte zu überdenken.

Die Sonne steht schon weit im Westen, als ich schließlich den Bock schultere, das Gewehr an mich nehme, um langsam die schwere Last ins Tal zu bringen. Hatte ich eine Weile geschlafen? Ich weiß es bis heute nicht, zu deutlich steht alles noch vor mir, zu deutlich höre ich heute noch die wunderbare Musik, die aus dem Felsen klang.

CLEMENS GEORG VON WALZEL (1918–1999), geb. in Marschendorf (Böhmen). Durch Heirat kam der Autor nach Parschnitz im Vorriesengebirge.

Wegen seiner Gehörschwierigkeiten nicht zur Wehrmacht eingezogen, folgte nach dem Universitätsstudium in Wien und Leipzig und kurzer Tätigkeit im böhmischen Familienbetrieb eine Dienstverpflichtung nach Ostoberschlesien unter gleichzeitiger Überstellung zum Volkssturm.

1945 wurde er, unter Zurücklassung seines gesamten Besitzes, mit seiner Familie aus seiner Heimat vertrieben. Die folgenden Wanderjahre brachten erhebliche Sorgen, aber auch interessante Erlebnisse.

1960 fand die Familie am Bodensee ein neues Zuhause; jedoch blieb der Autor seiner Riesengebirgsheimat stets treu.

Eduard von Wosilovsky

Todesengel

Jäger, gedenk, daß du selbst
ein Gejagter im Kreislauf der Dinge,
sei's von Furien verfolgt,
sei's von der Zukunft gehetzt.
Schüler der Not, dann Diener der Lust,
jetzt Opfer des Wahnes,
lerne aus deinem Geschick
deine vielfältige Schuld.

FRIEDRICH VON GAGERN

Wir befanden uns mitten in der Hochbrunft des Rotwildes, die in der Regel um den 20. September einsetzte und bis zum 3. oder 4. Oktober andauerte. Darin eingebettet lagen ein bis drei Tage, an denen sich die Hirsche „wie von Sinnen gebärdeten". Da konnte man auf der Gießkanne schreien – es standen immer ein paar Beihirsche zu, beziehungsweise kam der eine oder andere Platzhirsch wütend herangepoltert.

An einem solchen Tag hatte ich mit meiner Frau und dem Dackel früh am Nachmittag die Kanzel Nummer 14 bezogen. Nach drei Seiten hin gab es von ihr aus auf 8 bis 20 Meter breiten Schneisen guten Ausblick und Ausschuß. Bis auf 100 Meter konnte man hinlangen. Auf den Schneisen wuchs eine Fülle nahrhafter Waldkräuter und Süßgräser; auch zur Brunftzeit äste dort das Rotwild sehr gerne. Die Gelegenheit, den Platzhirsch oder anwechselnde Beihirsche sicher anzusprechen, schien hier jederzeit günstig.

Um das Wild nicht zu verstänkern, saßen wir bereits kurz vor 15 Uhr oben und „mittendrin". Goldfarbenes Herbstlaub, aufgeflockt mit Fahlgrün, Blutrot, Sandbraun und Raschelschwarz, hing traumverloren in den schon stark durchlichteten Kronen des im Winde immer wieder aufrauschenden Blätterwaldes. Schwarzblaugrün dunkelte das Nadelgezweig der Rotfichtendickung im weißgelben Nachmittagssonnenglast. Sie begrenzte den Ausschuß zur Rechten am Ende der sehr breiten Schneise zwischen Laubholzdickung und Stangenholz. In diesem reichhaltigen Kräutergarten, angereichert mit Einsaaten, äste und brunftete bisher, ausschließlich zur Nachtzeit, das Brunftrudel der Abteilung 14.

Im Westerwald konnte man aus den verschiedensten Gründen nur in Ausnahmefällen den brunftenden Hirsch erbirschen. Einer dieser Gründe lag darin, daß den Birschjägern einfach nicht die nötige Begehungsfläche, die Weite der Landschaft zur Verfügung stand. Irgendeinem anderen Weidkameraden wäre das Wild vergrämt worden. Im heimatlichen „Kiebitz /Schweinert" dagegen lagen dazumal die Voraussetzungen und Bedingungen für den Birschjäger anders; dort konnte man wahrlich jeden Tag das Lied vom „freien Wildbretschütz" anstimmen und grenzenlos laufen, gehen, birschen und ansitzen, ohne Rücksicht auf andere Weidmänner nehmen zu müssen.

Da saßen wir also und warteten auf den ersten Schrei, auf ziehendes Wild. Nebenbei die vorherrschende Windrichtung mit einigen Sumatra-Kringelwölkchen prüfend. Ich, der Schütze, hatte die günstigste und bequemste Sitzposition eingenommen. Auch der Hund bekam selbstredend ein günstiges Plätzchen. Wohl zehn Minuten nahm es in Anspruch, bis wir drei mit Ausblick und Logenplatz im „grünen Theater" zufrieden schienen.

Trotz allgegenwärtiger Sonne blieb es kühl. Jeder hing in der folgenden Traumzeit zwischen Weckruf und Strecke seinen Gedanken nach. Da bleibt es nicht aus, daß man über Gott und die Welt nachdenkt, grübelt, die Stimmungsleiter auf- und absteigt. Und so erlebte ich wieder einmal mit hellwachen Sinnen das Tropfen der Minuten und das Vergehen des Augenblicks.

„Ach was", sagte ich zu meiner Jagdgefährtin, nachdem bereits eine Stunde meditativen Zuwartens verflossen war, „wer wartet, der trocknet", und griff zum Heracleumrohr, denn der Zeitpunkt schien mir gekommen, den „roten Brüdern" ein Signal zum magisch-mystischen Göttertanz hinüberzuschicken. Mit der ganzen Inbrunst eines innig empfundenen, nach Liebe lechzenden Lustgefühls markierte ich den mittelstarken suchenden Hirsch:

„U-ah-ah-ah!" Eine Oktave hielt ich das „U-fis", um sodann das „ah" lang anhaltend ausklingen zu lassen.

Nochmals schrie ich, jetzt schon etwas wilder, fordernder, frecher, provokanter: „U-uah-ah-ah-a!" Nun verstand man mich. Der Tanz des Königs der Wälder begann.

Wie auf einer Drehbühne, deren Mittelpunkt unsere Kanzel darstellte, bewegte sich das Brunftkarussell. Eine derart laute, bewegte, in allen möglichen Modulationen von Hirschstimmen sich widerspiegelnde Schreiorgie hatten wir gemeinsam noch nicht genießen können. Sie ist uns, wenn ich resümierend zurückdenke, nur noch in meinem ehemaligen Lehrrevier Hohenbucko-Lebusa, in der Oberförsterei Weidmannsruh, zuteil geworden.

Je später es wurde, desto öfter gerieten einige Geweihte aneinander. Der Platzhirsch in der Abteilung 14 wurde von den Raufbolden lange Zeit gemieden. Seine herrische, tiefe Stimme strahlte, trotz wenigen Meldens, eine Entschlossenheit aus, die seine körperliche Stärke und Kampfbereitschaft erahnen ließ.

Später, so gegen 17.30 Uhr, näherte sich vom Wagental herauf ein mäßig schreiender Hirsch mit tiefem Bariton. Zielgerichtet zog er der Abteilung 14 zu. Deutlich vernahmen wir das Bemühen des Platzhirsches, sein Kahlwild wegzutreiben, was ihm aber offensichtlich mißlang. Bald war der andere heran, und ohne weitere „Vorrede" kamen beide zur Sache. Immer wieder schlugen ihre Geweihe wuchtig aufeinander. Der Abendwind trug einen solch erbitterten Höllenlärm heran, als kämpfe dort unten Gilgamesch gegen die Mächte der Finsternis oder Dietrich von Bern gegen Hagen von Tronje. Ein zorniges Endgefecht sollte es allemal sein.

Mit einem Male gespenstische Stille – und dann ein Schrei, der alles Wildgetier und die Wälder und auch ihre stillen Hüter, die Silvane, Faune und Schrate, erbeben ließ. Wie ein Gewittersturm des Jüngsten Tages brauste, krachte, walzte es sogleich durch den Forst. Einen Lidschlag lang, der dem geübten Auge zum einigermaßen sicheren Ansprechen reichte, überfloh der Geschlagene, der Beihirsch, die Kanzelschneise. Er trug auf einem wuchtigen Körper eine Wehr mit an die 14 Enden. Was wir als besonders auffällig befanden, war der ausnehmend starke, schwarzbraune Brunftkragen. Sich wohl dem Stärkeren unterlegen fühlend, jedoch noch stolz und majestätisch, wechselte er ins lichtere, lückige Stangenholz. Ihm folgte, mit mehrfachem Sprengruf – leider hinter der Kuppe, also für mich nicht einsehbar – der mir noch unbekannte Platzhirsch. Mitten im Stangenholz gerieten die zwei rotbraunen Ritter abermals aneinander, was uns, weil nicht erwartet, sehr erstaunte. Daß es sich tatsächlich um den Platzhirsch handelte, schlußfolgerte ich aus der Anwesenheit des auf dem vergrasten Schleifweg umhertretenden Kahlwildes.

Nachdem der Vierzehnender wiederum seine Lektion erhalten hatte, wechselte er geräuschvoll auf die Kräuterschneise zu. Auf dieser verhoffte er, schrie laut. Jawohl, ein gerader Vierzehnender mit tiefen, echten Becherkronen und auch ansonsten ein Bild von einem Hirsch – ein echter „Löbenberg".

Dieser Erntehirsch wollte wohl „totgeschossen" werden, denn leichtsinnig trat er, immer wieder volle Breitseite zeigend, geraume Weile auf der Fläche hin und her. Da er den Platzhirsch weiter mit seinen wütenden Schreien reizte, ließ sich dieser zum Zustehen verleiten. Wild und entstellt klang sein Orgeln. Es setzte sich aus einer Mischung von Kampf- und Sprengrufen zusammen. Der Beihirsch röhrte noch einmal laut und sehnsuchtsvoll, um dann auf eine Suhle zuzuziehen.

Ein verdächtiges Knicken und Knacken näherte sich dem Rand des Stangenholzes. Der Platzhirsch stand zu, nachdem ich kurz gemahnt hatte. Diesmal gab ich meiner Jagdgefährtin das große Glas und machte mich mit dem Drilling zum Schuß fertig. Warum ich das tat, ist mir heute noch schleierhaft, denn woher kam meine Gewißheit, daß eben dieser Hirsch schußbar wäre?

Am Rande des dichten Dunkels der Laubholzstangen verhielt der Hirsch. Meine Ohren, als akustische Radarschirme dienend, hatten mich das Zielfernrohr auf eine niedrige einzelne Birke, einen halben Schritt in der Schneise, richten lassen. Erneut mahnte ich, leise und verhalten, aber damit rechnend, daß auch eifersüchtige Geweihte über „gutes Gehör" verfügen.

Ein kurzer Trenzer ertönte, und schon stand der „Herr der Abteilung 14" zur Hälfte auf der Schneise. Schmerzhaft spürte ich den Griff meiner Frau auf der Schulter, die wohl vor Erstaunen über das Edelwild da unten nach einem Halt suchte. Mit dem Vorschlag ganz frei stehend, äugte und windete ein hochjagdbarer ungerader Zwölfer in unsere Richtung. Ein wahrer Kapitalhirsch stand in der Ziellinie vor dem Kugellauf der 7 x 65 R.

Den oder keinen! Ich nahm Maß. Ruhig und beherrscht ging mein Atem, die Augen blieben klar. Langsam legte sich der feinnervige Zeigefinger an den Abzug. Doch ein unbestimmtes Gefühl schwarzer Ahnung bannte ihn jetzt. Der Kapitale hielt aus, ganz so, als warte er auf mein tödliches Blei. Trotzdem schoß ich nicht, denn urplötzlich befiel mich panikartige Angst. Eine innere, mahnende Stimme befahl: Setz ab! Laß nicht fliegen!"

So tat ich denn auch. Gesichert stand der Drilling wieder im Klappständer, als meine Frau mir das große Jagdglas reichte. Immer noch das gleiche Bild. Der Kapitale stand auf gut 80 Meter, wie festgewurzelt, frei. Doch was war *das?* Seit wann haben Hirsche *vier* Vorderläufe? Siedendheiß durchlief mich ein ohnmächtiger Schreck. Direkt in Schußlinie hinter dem Hirsch stand, unbemerkt von dem Geweihten, ein „Zaungast" mit einem Feldstecher vor Augen. Und in dem Moment, als er uns auf der Kanzel erblickte – ich hatte inzwischen den Hirsch über Kimme und Korn erneut anvisiert, da ich einfach nicht glauben konnte, daß dort auch noch ein Mensch stand –, nahm der Hirsch den Störenfried wahr, warf sich mit einer Riesenflucht in die Dickung zurück.

Gott sei Dank, daß ich die Schiebesicherung noch nicht betätigt hatte, denn vor Schreck darüber, daß in der direkten Schußlinie ein „unangemeldeter Verhörer" herumstolperte, klopfte mein Finger an den Abzug der aber schon instinktiv nach oben gerichteten Waffe – „klick!"

Ein Aufschrei da unten und ebenfalls ein Sprung ins Dichte zurück machte die Gefahr so ganz und gar deutlich, in der wir uns durch den ungeheuren Leichtsinn dieses undisziplinierten Menschen befunden hatten. Was wäre gewesen, wenn ... ja wenn nicht dieses undefinierbare „Halt!" meinen Schußfinger in jenem Augenblick, da der kalte Schatten des Todesengels die Schneise erreichte, gelähmt hätte?

Später, als die Waldwelt sich nur noch durch die tiefe Schwärze der Endseptembernacht erahnen ließ, baumten wir ab. Hand in Hand, als gingen wir gemeinsam unabänderlich durch das Tor zur Hölle – obwohl wir doch eigentlich aus ihr herauskamen –, schritten wir wortlos und mit immer weicheren Knien dem Auto zu.

Für die nächsten Tage war mir die Jagd verleidet. Tausende Fragen und unheilvolle Gedanken belasteten mein Gewissen, obwohl ich doch einem Menschen das Leben bewahrt hatte. Wer der mit dunkelbrauner Manchesterhose und rehfarbener Lederjacke Bekleidete gewesen ist, konnte keiner meiner Jagdfreunde herausfinden.

EDUARD VON WOSILOVSKY *wurde bereits als Junge 1945 aus seiner Heimat, dem Sudetenland, brutal vertrieben und gelangte, einem völlig ungewissen Schicksal entgegensehend, in jenes Deutschland, in dem Hammer und Sichel das Regime führten. Die von seinen Vorfahren ererbte Liebe zu Natur, Wald und Wild ließ ihn, allen Widrigkeiten der Zeit zum Trotz, den Beruf eines Weidmannes ergreifen.*

Alfons Reichsritter von Wunschheim

Besondere Erlebnisse mit Rehböcken

Der Bock von der Birkenlehne

Verweile ich gelegentlich vor der Wand mit den Rehgehörnen und lasse meinen Blick über diesen Wald von Krickln schweifen, bleibt er an einem abnormen Gehörn hängen, das ich vor vielen Jahren im Sudetenland erbeutete. Sozusagen zweimal.

Ich traf in der zweiten Juniwoche beim Freunde meines Schwiegervaters, A. Baron Klein-Wisenberg, in Hennersdorf ein, wo ich drei Jahre auf Rehböcke hatte jagen dürfen. Der Besitz ging nach dem Zweiten Weltkrieg verloren, den Jagdherrn deckt schon lange der grüne Rasen. Das seltene Gehörn blieb mir aber, obwohl manche Trophäen in diesen wirren Zeitläufen verlorengingen, glücklicherweise erhalten.

Von seiner Erbeutung will ich nun erzählen. An einem milden Juniabend setzte ich mich auf einen Hochsitz, der auf einer Seite eines locker bewaldeten Grabens stand, mit Ausblick auf den gegenüberliegenden Hang, in dem ein guter Sechserbock seinen Einstand hatte. Die Birkenlehne hieß es dort. Aus Vorsicht hatte ich den Hochstand schon frühzeitig bezogen, nun saß ich, schaute ins Grüne und wartete auf den mir zugedachten Bock, der sehr heimlich sein sollte. Zwei Eichelhäher vertrieben mir die Zeit.

Alle Augenblicke sucht mein Glas den Hang ab. Jetzt könnte sich der Bock schön langsam zeigen. Da taucht, eben erst gedacht, ein roter Fleck auf. Rasch das Glas hoch. Jawohl, ein roter Rehkörper schiebt sich durch das Stangenholz – der Bock.

Ich lange nach der Büchse, entsichere, steche und – jetzt steht er breit – schieße. Der brave, regelmäßige, gut vereckte Sechser bricht zusammen, wird aber wieder hoch und verschwindet mit ein paar Fluchten im Graben. Ich steige den Graben hinunter, drüben zum Anschuß hinauf. Viel Schweiß, aber – o weh! –

auch grobe Knochensplitter. Ich folge der Schweißfährte, die aber alsbald ein Ende findet. Es scheint sich um einen sehr hohen Laufschuß zu handeln. Feine Schweinerei!

Inzwischen bricht die Dunkelheit herein. Ich breche die Nachsuche ab und ziehe bedrückt nach Hause. Am nächsten Morgen neuerliche Nachsuche mit dem Revierjäger; auch sie endet erfolglos. Einen brauchbaren Hund gibt es leider nicht. Der Bock bleibt verschwunden, er wird auch später weder gefunden, geschweige denn gesehen.

Diesmal fahre ich bruchlos heim. Im späten Winter erhalte ich unerwartet Nachricht, der Bock wäre ganz woanders als Dreiläufer gesichtet worden.

Als ich im nächsten Jahr wiederkomme, ergibt es sich, daß der Bock inzwischen seinen alten Einstand bezog. Natürlich gilt meine erste Pirsch voll Spannung ihm, doch zeigt er sich nicht, was meine Ungeduld erhöht. Erst beim dritten Ansitz fällt ihn mein Schuß am selben Ort. Heuer trägt er ein völlig abnormes Gehörn. Links einen 16 Zentimeter hohen, bis zur Spitze geperlten, etwas verbogenen Spieß, rechts nur einen 8 Zentimeter hohen, ebenfalls bis oben hin geperlten Spieß. Bei Laufschüssen entsteht ja immer eine Mißbildung der diagonal gegenüberliegenden Stange. Diesem Bock fehlte der linke Vorderlauf, daher rechts der kurze Spieß.

Eine respektable Trophäe, die ich fast auf den Tag genau ein Jahr später erbeutet habe. Ich fühle mich erleichtert und bin beglückt.

Ein Bastbock

In jenem Revierteil, in dem ich jagen sollte, dem sogenannten Teichberg in Hennersdorf, standen drei Böcke; ein kapitaler und neben dem dritten ein Sechser, der für krank gehalten wurde, weil er in der zweiten Juniwoche weder verfärbt noch verfegt hatte. Man hätte es begreiflicherweise gern gesehen, wäre dieser „Bastbock" durch mich zur Strecke gekommen.

Um 2.30 Uhr rasselte der Wecker. Eine knappe Stunde später stellte ich mit Mißvergnügen fest, daß bereits Mäher ihre Sensen in den Wiesen rauschen ließen und damit die Frühpirsch durch die Felder sinnlos geworden war. Vielleicht stieß ich im angrenzenden Wald auf einen jagdbaren Bock. Noch fehlte für dieses Vorhaben das nötige Licht. Ich ging daher einige Hundert Schritt weiter zu jenem Kleefeld, in dem ich gestern abend einen Bock beobachtet hatte, um erst von dort aus in den Bestand einzudringen. Inzwischen herrschte soviel Tageslicht, daß man im Holz die Dinge unterscheiden konnte. Auf dem Steig zwischen Wiese und Hochwald pirschte ich vorwärts. Immer wieder blieb ich stehen und suchte die Umgebung genau ab.

Da, was ist das? Da sitzt doch tatsächlich an die 100 Schritt vor mir in einer Bestandeslücke, von mir halb abgewendet gegen den Wind, ein Bock, zwischen den Lauschern alles schwarz! Das kann nur ein Kapitaler sein. Mein Herz beginnt wild zu schlagen. Wie aber kann ich den Bock bekommen? Weiter nach vorn zu pirschen wäre unzweckmäßig, weil jede Bewegung vor dem hellen Hintergrund der hinter mir liegenden Waldwiese sofort deutlich wahrnehmbar sein würde. Ein Vorkriechen im Bestand kommt wegen des mit Ästen übersäten Bodens gleichfalls nicht in Frage. So versuche ich, auf dem Weg vorzukriechen, um eine bessere Position zu erreichen, muß jedoch das Vorhaben bald aufgeben, weil mir die Bäume den Bock verdecken. Ich will ja nicht riskieren, daß er mich weghat. Zurück zum Ausgangspunkt der Rutschpartie!

Was nun? Nach langem Überlegen entschließe ich mich, dem niedergetanen Bock gegen jede Weidgerechtigkeit – St. Hubertus verzeih! – die Kugel anzutragen, denn diesen Bock muß ich haben. Schuß! Der Bock bleibt ruhig sitzen. Überschossen. Den Schall hat es irgendwie vertragen, aber auf das metallische Geräusch des Repetierens wird der Kapitale hoch, stellt sich verhoffend breit in die Lücke. Der nächste Schuß sitzt im Leben. Mit einer wilden Wendung und krummem Rücken flüchtet er, immer kürzer werdend, in die Wiese hinaus, wo er hinter hohen Gräsern verschwindet.

Ist er zusammengebrochen oder hat er sich schwerkrank niedergetan? Ich habe nichts schlegeln gehört. Vorsichtshalber will
ich eine halbe Stunde warten.

Ich hocke am Waldrand, rauche eine Zigarette nach der anderen – die geliebte Pfeife blieb leider zu Hause – und male mir
im Geiste aus, wie stark und hoch die Krone sein könnte. Daß
es sich um den starken heimlichen Teichbergbock handelt, darüber besteht kein Zweifel. Im düsteren Hochwald konnte von
einem genauen Ansprechen keine Rede sein.

Die von mir gesetzte Frist ist um. Ich nehme das Zielfernrohr
vom Mannlicher-Schönauer und stecke es in den Rucksack. Dann
gehe ich mit entsicherter Büchse auf jene Stelle zu, wo der Bock
verschwunden ist. Verendet liegt er vor mir, Gras verdeckt das
Gehörn. Ich greife in die Krone und fühle weichen Pelz. Vor
einem Perückenbock mit völlig hartem und vollständig vereck-
tem Gehörn stehe ich! Die Rosen sind anormal dick, die Stangen bis hinauf mit dichtem Bast überzogen. Deshalb erschien
mir im Dämmerlicht des Hochwaldes zwischen den Lauschern
alles schwarz.

Beim Aufbrechen stellte ich das völlige Fehlen der Brunftku-
geln, eine verstümmelte Brunftrute und nur Rudimente eines
Pinsels fest. Der Bock hatte völlig verfärbt, zählte dem Gebiß nach
sechs Jahre und wog aufgebrochen 17 Kilogramm. Der Schuß
saß knapp hinterm Blatt, das Geschoß zerfetzte die Leber und
trat weich aus. Trotz dieses tödlichen Schusses betrug die Flucht-
strecke noch an die 100 Schritt.

Lange bin ich vor dem gestreckten Bock gesessen und habe
ihn mit tiefer Freude betrachtet. Lag auch nicht der erträumte
Kapitale vor mir, so doch eine unverhoffte Beute, wie sie nicht
jedem in den Schoß fällt. Mein Schwiegervater, der in seinem
langen Jägerleben weit über 500 Rehböcke erlegte, hat keinen
einzigen Perückenbock aufzuweisen.

Der inzwischen herbeigeeilte Jäger wußte zu berichten, daß
keiner im Revier den Perückenbock kannte. Anscheinend dürfte
er erst später zugewandert sein, als die anderen Böcke bereits
verfegt hatten, und war so in den Ruf des Bastbockes gekommen.

Alfons Reichsritter von Wunschheim

Eine unglaubliche Geschichte

Dem geneigten Leser werden sich die Haare sträuben, wenn er diesen Erlebnisbericht liest, und es werden ihm Zweifel an meiner jagdlichen Qualifikation aufsteigen, bis er diesen bitteren Kelch mit mir bis zur Neige geleert hat.

Ich war auf Rehbock und Gams in die Julischen Alpen eingeladen und hatte für meine Pirschen die letzten Juli- und die ersten Augusttage gewählt, war dann doch die Rehbrunft im Gange und der Sommergams auch schon bejagbar.

Ich landete am 30. Juli mittags bei strahlendem Sommerwetter in Maria Luggau im Lesachtal, machte noch schnell einige Verproviantierungseinkäufe, und weiter ging es zu der auf 1450 m Seehöhe gelegenen vertrauten Leopold-Hütte. Auf halbem Weg hielten wir aber und stiegen zu einer Wiese hinauf, die ein Weidezaun umgab, wobei eine Reihe einzeln stehender Schirmfichten miteinbezogen war. Nach oben war die Wiese links von einer Fichtenjugend begrenzt, die in Hochwald überging, in der Mitte des Hanges waren niedere Erlenbestände, in welche die Wiese zungenartig eingriff und heimliche Blößen bildete, rechts schloß sich sumpfige Erlenjugend an. In dieser rechten Ecke stand ein Heustadl. In ihrer Breitenausdehnung hatte die Wiese etwa 500 m und war nur vom linken Eck aus voll übersehbar. Hier stand ein Bock, der noch eine große Rolle spielen sollte. Doch an diesem Abend ließ er sich nicht blicken und sprang auch nicht aufs Blatt, was vermuten ließ, daß er schon bei einer Gais stand. Gschwandt heißt der Platz.

Nach diesem Intermezzo fuhren wir zur Hütte, wo ich mich häuslich einrichtete. Dann saßen der Pirschführer Hansl und ich noch vor der Hütte und suchten die gegenüberliegenden Steilhänge ab, ob sich uns etwa ein Anblick böte. Weit oben zog suchend ein braver Bock durch eine lockere Fichtenjugend. Der Himmel war wolkenlos blau, noch schien die Sonne auf die umgebenden Berggipfel, die an 3000 m heranreichen, es herrschte eine köstliche Stille, unter uns rauschte nur der Luggauerbach zu Tal, und das Brünndl neben der Hütte murmelte fröhlich vor sich hin in den sinkenden Abend. „Morgen geh'n ma's an", sagte der Hansl, „vielleicht steht der Bock dann tiefer".

Am nächsten Morgen stand der Bock wirklich weit unten, natürlich jenseits des Baches. Es war ein weiter Schuß, denn über den Bach konnte man dort nicht, ich hatte keine rechte Auflage, war aber gut drauf. Rums? Gefehlt! Das Rauschen des Baches schluckt den Knall, der Bock hat nichts vernommen, schnell repetiert, nochmal daneben; diesmal hat er aber etwas gemerkt, und ab geht der gesunde Bock. Patzerei, Hudelei, na, es war eben seine Zeit noch nicht um. Da ich das Gewehr (Mannlicher-Schönauer 7 x 64), wie üblich, nach dem Winter persönlich am Schießstand kontrolliert hatte, maß ich mir selbst die Schuld bei.

„Schau ma aufs Gschwandt." Wohl sehen wir den Bock, wie erwartet mit Gais, kommen aber nicht zu Schuß. Ist man nur auf einen Bock eingeladen, wie oft muß man bei der ersten Gelegenheit schießen, wenn es paßt. Hier durfte ich sagen, den oder keinen, und mich ihm ausschließlich widmen, denn ich habe ja Zeit, tagelang Zeit. Welch herrliches Gefühl, Zeit zu haben in dieser einmaligen Bergwelt. Für mich der Idealfall jagdlichen Tuns.

Am Nachmittag ging ich also wieder aufs Gschwandt. Man hat dort einen herrlichen Blick auf Maria Luggau und die Lienzer Dolomiten, man schaut sich nicht satt an dieser herrlichen Landschaft. Der Ansitz wird aber nachhaltig durch einen Kuhsucher und fünf Gewitter gestört. Nun, morgen ist auch ein Tag.

„Heut' geh ma auf Gams", verkündet Hansl am 1. August in der Früh, und wir steigen steil hinauf zu einem weiten Kar, das ich vom Vorjahr bereits kenne. In der Mitte des Kars, umgeben von Erlenbüschen, befindet sich ein Köpfl, von dem man guten Ausblick und Ausschuß ringsum hat. Doch vorläufig bleiben wir am Waldrand hocken, denn links oberhalb des Köpfls ist Scharwild, das unseren Anmarsch wahrnehmen und die ganze Gegend „roglet" machen würde. Da wir nicht wissen können, was alles in den Latschen steckt, beobachten wir das Gebiet lange:

Das Scharwild verschwindet, dafür entdecken wir eine einzelne Gais, die unser besonderes Interesse erweckt. Her mit dem Spektiv! Ja, die würde passen! Wir packen unser Zauberzeug zusammen und tauchen hinunter in die Erlenbestände, die uns äugenden Lichtern entziehen. Wir müssen auf das besagte Köpfl, von dort aus sollte man die Gais beschießen können. Es ist ein mühsames Fortkommen durch dieses Erlenfeld, wir verlieren jetzt den Ausblick, den wir erst wiedergewinnen, wenn wir am Köpfl sind.

Der Wind ist gut, aber als wir endlich das Köpfl erklommen haben und uns umsehen, ist die Gais weit nach oben gestiegen und außer Reichweite. So bauen wir uns ein und spekulieren weiter.

In dem herrlichen Hochsommerwetter liegt es sich gut auf unserem moosigen Felskopf mit dem köstlichen Gefühl: „Du hast ja Zeit." Plötzlich steigt die Gais wieder bergab; jetzt wird es spannend. Kommt sie tief genug herunter? Es sind aufregende Minuten. Zeitweilig verschwindet sie in den Büschen, dann steht sie plötzlich frei oberhalb eines Felswandls. Im Fadenkreuz nimmt sie sich sehr klein aus, gut 300 m müssen es sein, aber der Mannlicher liegt gut gebettet, es muß klappen.

„Überschossen", sagt der Hansl. Die Gais geht flüchtig ab, macht aber dann das gewisse Haberl und bietet Gelegenheit zu einem zweiten Schuß. Wieder zeichnet die Gais nicht, „unterschossen" heißt es diesmal. Ich bin völlig verwirrt, ich schieße doch im allgemeinen recht sicher und sauber. Aber seit gestern ist mein Selbstbewußtsein angeschlagen, und jetzt bin ich am Boden zerstört. Hier haben wir ausgespielt und beschließen, noch höher hinaufzusteigen und in der Schichtenlinie im Hochwald unter den Mauern durchzupirschen.

Ohne weiteren Anblick erreichen wir im Laufe des Vormittags einen Platz, der zum Blatten einlädt, aber mein Fiepen findet keinen Freier. Wie wir aber so in den Alpenrosenbüschen räkeln, sehe ich oben im Hang zwischen den alten Fichten eine gelbe Bewegung. Gams! Bock! Spektiv! Starker Bock! Aller Kleinmut ist jäh verflogen. Rasch werden die Stöcke zusammengebunden, der Hut als Unterlage dazwischengeklemmt, der Stutzen eingebaut. Der Bock müßte ein wenig tiefer ziehn, dann würde ich wieder mein Waidmannsheil versuchen. Aber er brockt herum, ist dann wieder verdeckt, läßt sich Zeit und steigt schließlich spitz von uns weg bergauf. War das ein Bock! Bei meiner Unsicherheit bin ich fast froh, daß ich nicht zu Schuß kam. Vielleicht hätte ich wieder gefehlt, nicht auszudenken!

Am Nachmittag setze ich mich zunächst auf der gegenüberliegenden Seite vom Gschwandt an, die besseren Einblick in das Revier meines Bockes bietet, mit dem Erfolg, daß ich feststellen kann, wo das Paar steckt. Also hinüber auf die andere Seite, hinauf zum Zaun und vorsichtig nachgepirscht. Doch die Bühne ist leer, irgendwie wurde das Paar gestört und zeigte sich nicht mehr an diesem Abend.

Am nächsten Morgen bin ich wieder dort, sehe den Bock, ohne zu Schuß zu kommen, blatte vergeblich. Es ist drückend heiß, es wird wieder ein Gewitter geben. In den tiefeingeschnittenen Tälern des Hochgebirges, die keinen weiten Ausblick gestatten, sieht man häufig nicht die sich hinter dem Kamm zusammenballenden Wetter, die dann plötzlich hereinbrechen. So störte auch ein spätes Gewitter den Abendansitz.

Am vierten Morgen wird mein Hansl ungeduldig und zwingt mich zu einer Fahrt in einen anderen Revierteil mit einem prachtvollen Blick auf die Julischen Alpen, deren Kamm die österreichisch-italienische Grenze bildet. Gottlob kommen wir nicht mit einem guten Bock zusammen, vielleicht würde ich der Versuchung unterliegen. Doch vormittags kehre ich auf das Gschwandt zurück, wo ich wieder vergeblich blatte. Am Nachmittag bin ich wieder dort, ich kenne dort jetzt jeden Busch, einmal habe ich auch den Bock entdeckt, aber ich konnte ihn ob des Windes nicht angehen.

4. August. Ich bin heute später dran, aber wie ich mich vorsichtig dem Zaun nähere, sehe ich den Bock in einer Lücke der Fichtenjugend, bereit abzuspringen, denn er hat irgend etwas gemerkt. Ein rascher Schuß geht daneben. Noch immer gebe ich mir selbst die Schuld.

Sicherheitshalber unterbreche ich meine Pirsch und fahre mit
Hansl zu seinem Sägewerk, wo wir uns sehr behelfsmäßig, was
die Auflage anbelangt, eine Scheibe aufbauen. Das Ergebnis ist
nicht überzeugend. Ein Schuß sitzt im Schwarzen, einer würde
genügt haben, um ins Leben zu gehen, ein dritter ist ein Fehlschuß, wohl verwackelt, also liegt es doch nicht am Gewehr,
sondern am Schützen. Keine erbauliche Feststellung.

Auf meinen Kriegsschauplatz zurückgekehrt, überlege ich
meine Strategie. Ich muß den Bock kriegen, koste es, was es
wolle. Während ich, am Zaun sitzend, überlege, erscheint – es
ist jetzt 10 Uhr – mein Bock wieder in der Wiese, kriegt mich
aber in den Wind und springt in den Hochwald. Also muß ich
ihn dort suchen.

Ich umschlug die eingezäunte Wiese und schlich in den Hochwald, Schritt für Schritt, um mich oberhalb des vermutlichen
Einstandes anzusetzen. Ich habe dort zwei Stunden gehockt
und gefiept, ohne Erfolg. Der Bock war bei seiner Gais.

Als die Sonne hoch am Himmel stand und golden-grüne Flek-
ken zwischen die Stämme malte, zog ich mich wieder zurück.
Was nun? In der Mittagshitze würde er kaum ausziehen.

Da ich Aufwind habe, werde ich den ganzen Komplex um-
schlagen und von ganz oben, von einer Waldstraße aus, von
der man, wie ich festgestellt habe, Einblick in heimliche Plätze
hat, meine Blatt-Serien fortsetzen.

Vergeblich. Ich kehrte also wieder auf den alten Platz zurück
und machte es mir am linken unteren Ende, von wo man, wie
schon erwähnt, den besten Einblick hatte, bequem, nahm meine
Jause vor und anschließend ein Buch, das ich bei langem Ansitz
immer mitführe.

Tiefes Grollen riß mich plötzlich aus meiner Beschaulichkeit.
Hinter dem gegenüberliegenden Berg hatte sich ein Gewitter
zusammengeballt, schon bogen sich die Bäume im heranbrau-
senden Sturm, die ersten Tropfen fielen. Im Laufschritt erreichte ich den am anderen Ende befindlichen Stadel, in dem ich
Unterschlupf fand, auch wenn sein Dach nicht völlig dicht war.
Kaum war ich dort, prasselte ein heftiger Gewitterregen hernie-

der, von solcher Dichte, daß man kaum ein paar Schritte weit sehen konnte. Gut so! Wenn der aufhört und alles tropfnaß ist, dann werden die Herrschaften ausziehen. Nach einer halben Stunde war alles vorbei, doch zwang mich schlechter Wind, meine günstige Stellung zu wechseln, weshalb ich mich wieder an das linke untere Ende der Wiese begab, in der Nähe der Fichtenjugend, in der mein Paar sich schon öfter gezeigt hatte. Kaum war ich dort, blendete mich ein roter Fleck, und mein Bock erschien, brandrot in der wieder leuchtenden Sonne, auf etwa 100 Schritte in den jungen Fichten.

Jetzt bist du mein! Den Rucksack auf den Eckpfosten des Zaunes aufgelegt, den Stutzen mit dem Kolben fest in die Schulter gepreßt, drücke ich, meiner Beute gewiß, ab. Der Bock zeichnet nicht, dreht sich nur langsam um, verschwindet hinter Buschwerk, durch das ich ihn rot leuchten sehe. Er steht ganz ruhig, hat er die Kugel? Nein! Denn er zieht jetzt langsam durch die Fichtenjugend, immer gedeckt, einmal noch steht er frei, nur doppelt so weit wie zuvor. Ich funke in meiner Verzweiflung hin, natürlich ohne Erfolg. Der Bock verschwindet hinter der Ecke einer Buschreihe.

15.00 Uhr. Auf die Schüsse hin erscheint der Hansl und hört sich den Jammer ungläubig an. Er muß mich wirklich für einen einmaligen Patzer halten. Wir gehen zum vermeintlichen Anschuß und auch zu dem Platz, wo der Bock stehenblieb, finden aber gar nichts. Der Bock scheint gesund, anscheinend hat er den Knall der Schüsse vertragen, und er hat gewissermaßen nichts gemerkt, daher auch sein vertrautes Benehmen.

Da noch mindestens vier Stunden verbleiben, besteht die Hoffnung, daß das Paar oder der Bock wieder ausziehen werden, so verbleibe ich nunmehr, mit Hansls Gewehr bewaffnet, am Platz, während er mit meinem nochmals Probeschießen will.

Ich habe mich nunmehr jenseits des Zaunes mehr zur Mitte hinter einem Grashügel hingelegt, der mich beide Seiten beherrschen läßt. Früher als erwartet, zieht das Paar wieder in der Fichtenjugend aus. Der Wind hält aber nicht, und die Gais nimmt den Bock mit, ehe ich mich zum Schuß richten kann. Verflixt. Aber Geduld, noch haben wir reichlich Zeit, ich gebe die Hoffnung nicht auf. Sicherheitshalber ziehe ich mich hinter den Zaun in den Schutz einer der alten Fichten zurück, stopfe mir eine Pfeife und warte. Die Zeit verrinnt, langsam werde ich skeptisch. Da! Da sind sie wieder, diesmal kommen sie aus den Erlen, der Bock beginnt sofort zu treiben, und treibend verschwinden sie wieder hangaufwärts in die Büsche. Aber die Hoffnung flammt jäh wieder auf. Kurz darauf sind sie wieder da, so an die 150 Schritt mir gegenüber, und tun sich zwischen kleinen Fichten nieder. Die Gais sitzt frei, der Bock verdeckt. Also heißt es warten. Inzwischen ist Hansl zurückgekommen und läßt sich neben mir nieder. Plötzlich wird die Gais wieder hoch und animiert ihren Galan, der sich nur zögernd herbeiläßt, aber dann ist das Paar wieder fort, allerdings erscheint es gleich wieder, um sich neuerlich niederzutun. So vergeht eine Weile in ständiger Bereitschaft.

„Aufpassen", sagt der Hansl, „jetzt wird er wieder hoch", dann steht er endlich frei, und schon knallt es; der Bock bricht im Schuß, nur ein Lauf ragt hoch aus einem Fichtenbusch. St. Hubertus sei bedankt!

Ein befreiendes Gefühl durchdringt mich. Alle Müh hat sich gelohnt, es war ein sauberer Schuß, das geschwundene Selbstgefühl belebt sich wieder. Zwölfmal kam ich mit dem Bock zusammen, bis seine Stunde schlug, das macht seine Trophäe besonders wertvoll.

Während wir am gestreckten Bock sitzen und ihm die Totenwacht halten, sagt Hansl: „Ich habe einen Schuß gemacht, und der war im Schwarzen." Ungerührt, jetzt wieder meiner selbst sicher, antworte ich, „das besagt gar nichts, das Gewehr streut".

Heimgekehrt, eile ich sofort zum Büchsenmacher. Der erste Schuß sitzt „Fleck", worauf er die Waffe absetzt. Ich veranlasse ihn zu einem weiteren Schuß: links hoch, ein dritter: rechts tief. Nun ergibt sich, daß sich die Fernrohrmontage gelockert hatte, was wir beim Probeschießen nicht gemerkt hatten.

Es war also Pech, nicht Patzerei, alle schlechten Schüsse hatten letztlich ihren Grund, was ich auch dann dem Hansl brühwarm mitteilte – zur vollen Wiederherstellung meiner jägerischen Reputation.

*A*LFONS *R*EICHSRITTER VON *W*UNSCHHEIM *(1904–2000), geb. in Innsbruck. 1910 übersiedelten seine Eltern nach Wien, wo er zum Dr. jur. promoviert wurde. Er schlug die industrielle Laufbahn ein, die durch den Dienst in der Wehrmacht von 1939 bis 1945 unterbrochen wurde. Aus englischer Kriegsgefangenschaft heimgekehrt, wurde er 1945 in Oberösterreich seßhaft und übernahm die Leitung eines Industrieunternehmens.*

Ab 1961 befaßte sich Wunschheim mit der Rettung des vom Verfall bedrohten Schlosses Hohenbrunn bei St. Florian, in dem unter seiner Ägide das Oberösterreichische Jagdmuseum entstand, das 1967 eröffnet wurde.

Die Errichtung dieses Museums führte 1968 zu seiner Berufung in die österreichische Delegation des Internationalen Jagdrates (CIC), 1969 wurde er deren Vorsitzender. Dieses Amt hatte er bis 1985 inne; von 1981 bis 1984 war Alfons von Wunschheim erster Vizepräsident des CIC. 1984 wurde er als erster Österreicher zur „Personnalité de l'année" (Sparte „Jagd und Umwelt") in Paris gewählt.

Kein Jägerlatein

In einem bekannten Wintersportort las ich einmal in einem Hotel folgenden Spruch: „Stammtisch für Jäger, Fischer und andere Lügner..." Dem ist nichts hinzuzufügen. Die Mär vom Bock, dessen G'wichtl immer höher wird, vom Hirsch, dessen Enden immer zahlreicher werden, und vom Fisch, der über den Tod hinaus noch wächst, sind bekannt. Weniger bekannt ist, daß es Vorfälle gab bzw. gibt, die auch für den Wissenden sehr nach Latein klingen und dennoch die reine Wahrheit sind.

So erschien vor vielen Jahren ein Berufsjäger zum allmonatlichen Jägertreff, dessen Hände arg zerkratzt waren. Nach Anspielungen seiner Freunde, ob er mit einer Katz' gerauft habe oder ob ihn gar seine Alte ang'flog'n sei, erzählte er, ein Rehbock habe ihm die Schrammen beigebracht. Jawohl, ein gesunder Rehbock aus seinem Revier!

Vorerst ungläubiges Staunen, dann aufmerksames Zuhören.

Er war mit seinem Jagdherrn auf einen Rehbock unterwegs, mit ihnen auch noch ein zweiter Jäger. Es war zur Brunftzeit, die Böcke trieben, die Erfolgsaussicht war günstig. Weniger günstig war der Grant des Jagdherrn, der schon vom frühen Morgen an allem was auszusetzen hatte und ständig vor sich hinnörgelte. In gespannter Atmosphäre pirschte das Trio durch den Almwald, hatte verschiedentlich Anblick, doch der Herr, dessen Schießkünste nur mäßig waren, war unentschlossen. Dann sahen sie auf günstige Entfernung einen gutaufhabenden Bock, der seine Geiß um ein freies Köpfl trieb und auch beschlug. Lange Beratung, dann entschloß sich der Herr adeligen Geblüts doch zum Schuß. Pedant wurde eine Auflage hergerichtet, der Jagdherr zielte eine Ewigkeit, dann brach der Schuß. „G'fahlt", bemerkte der Oberjäger und heimste sich damit vom Herrn einen strafenden Blick ein. Der Bock sprang ab und verschwand hinter dem Hügerl. Betretenes Schweigen. Die Jäger meinten, ihm fehle nichts, der Schütze war anderer Ansicht.

„Holen Sie mir den Bock", befahl der Jagdherr seinem vorlauten Jäger selbstsicher, seine Stimme duldete keinen Widerspruch. „Geh'n tua i, aber fahl'n tut eahm nix", prophezeite der Angesprochene ärgerlich und machte sich auf die Socken. Gespannt verfolgten der Jagdherr und sein Hilfsjäger, der als Träger fungierte, das Weitere. Sie sahen den Oberjäger über einen Graben verschwinden, dann den Hang hinaufschleichen. Oben, auf dem Köpfl, spähte er vorsichtig auf die abgewandte Seite, verharrte lange in einer Art Lauerstellung. Plötzlich schnellte er vor, ein Wirbel von Rehbock und Mensch zuckte mehrmals hoch, dann war längere Zeit nichts zu sehen. Schließlich kam der Mann wieder zum Vorschein – den Bock fachgerecht auf dem Tragriemen am Rücken. Der Herr triumphierte. „Habe gleich gesagt, der Bock liegt!" Erwartungsvoll sah man dem Oberjäger entgegen, der sichtlich mitgenommen heranwankte. Dann legte er den Bock dem Jagdherrn zu Füßen. „Bracht hab' i eahrn – aber g'sund, den ham S' schmatzebm g'fahlt!" Damit war das Thema für den Jäger erledigt. Der Jagdherr bekam einen roten Kopf, verwies auf die schweißigen Hände des Überbringers. „Wenn man mit bloßen Händen an g'sunden Rehbock fangt, schaut man so aus", rekapitulierte der Ankömmling. Betroffen wandte man sich dem gefesselten Bock zu, den hin und wieder ein krampfhaftes Zucken durchlief. Seine angstgeweiteten Lichter verrieten volles Leben, doch der Jagdherr wollte die Situation nicht wahrhaben. Er suchte nach Schußmalen, wendete den Bock hin und her, nichts. Kein nasser Fleck, kein Tröpferl Schweiß. Schließlich entfesselte man den Geschundenen, der sich eiligst empfahl.

Das hat sich vor achtzig Jahren zugetragen. Den damaligen Hilfsjäger, der bei der Misere dabei war, traf ich auf einer Almhütte am Hundsstein. Der Greis erzählte mir diese Geschichte und auch, daß der Rehbock im Heidelbeergekräut geschlafen hat, als der Oberjäger zugriff. Vom Brunfttreiben arg mitgenommen, hat er sich unmittelbar nach dem Schuß niedergetan und im Tiefschlaf den anschleichenden Jäger nicht wahrgenommen. Seit dieser informativen Begegnung auf der Moosalm ist auch schon wieder ein Vierteljahrhundert hinabgetröpfelt. Damals kam mir diese Geschichte seltsam vor, obwohl ich an deren Wahrheitsgehalt nie zweifelte. Heute weiß ich, daß so etwas schon mehrfach vorgekommen ist.

Mein Jagdkumpan Hans Schernthaner, Gott hab' ihn selig, konnte ebenfalls mit einer ähnlichen Geschichte aufwarten. Sie bezeugt, daß es auch bei Tieren eine Tiefschlafphase gibt, wenn vielleicht auch nur für kurze Zeit.

Hans war mit einem Freund in seinem Revier unterwegs. Ihr Weg zum Abendansitz führte durch einen Fichten-Lärchen-Wald, ein Viehsteig ermöglichte ein mehr oder weniger lautloses Gehen. Im Holz selbst war kein Pirscherfolg zu erwarten, dementsprechend benahmen sie sich nicht gerade übermäßig leise. Da mußte Hans, einer inneren Regung nachgebend, hinter einen Busch. Als er sich erleichtert hatte, folgte er unverzüglich seinem Freund, der vorausgegangen war. Nach etwa hundert Schritt gewahrte er einen Rehbock, der neben dem Steig niedergetan war. Hans erstarrte: Das gibt's doch nicht – vor wenigen Minuten muß sein Freund da gegangen sein – und jetzt auch er, und zehn Meter unterhalb schlief der Bock! Im ersten Moment dachte Hans, der Bock lebe nicht mehr. Doch so liegt kein verendetes Wild. Zusammengerollt wie ein Hundl, das sein Haupt auf die Weichen bettet, lag der Bock. Rhythmisch hob und senkte sich seine Flanke – der Bock schlief!

Sein G'wichtl war begehrenswert. Hans ließ seine Büchse von der Schulter gleiten, entsicherte. In diesem Moment schnellte das Haupt in die Höhe, der Bock äugte den Jäger an. Jähes Erstaunen, und ab ging er, ohne daß Hans die Kugel loswurde. Doch noch auf Schrotschußweite machte der Bock ein Haberl und äugte zurück, „tramhapert", wie Hans vermenschlichte. Dies war sein Tod.

Ruapp, sein Begleiter, kam zurück. Der staunte nicht schlecht, als er den Gestreckten sah; und noch mehr, als er die Umstände erfuhr. Hans meinte, daß er den Bock übersehen hatte. Daß der Bock in der relativ kurzen Zwischenzeit angewechselt gekommen wäre und sofort tief entschlummerte, ist wohl unwahrscheinlich. Anderseits muß auch der von der Wissenschaft zitierte Sekundenschlaf viel länger gedauert haben. Doch wir müssen nicht alles wissen.

Wahrhaft mit bloßen Händen hat auch ein Bauer einen Rehbock gefangen, wie er mir vertraulich erzählte. Der Bock schlief in einem moosigen Birkenwäldchen im hohen Schilfgras. Auf dem Weg zu seiner Torfhütte wäre er beinahe über ihn gestolpert. Der schwammige Boden dorthin verschluckte die Trittgeräusche des Bauern. Als er den Bock erblickte, stand er direkt vor ihm. „Geschlafen hat er wia a Ratz'", drückte er sich aus. Eine Zeitlang überlegte der Bauer, dann stürzte er sich auf den Schlafenden. „Zappelt hat er gewaltig, aber i bin eahm scho' Herr wor'n!" Nachher allerdings wußte er nicht so recht, was er mit dem Bock anfangen sollte, und er ließ ihn wieder frei.

Ähnliches berichtete ein Weidmann unlängst in einer Jagdzeitschrift. Er griff einem schlafenden Rehbock in das Krickel in der Überzeugung, der Bock sei angeschossen. Er wollte ihn wenden, um eine eventuelle Verletzung festzustellen. Bei der ersten Berührung jedoch schnellte der Bock in die Höhe und flüchtete, dem Anschein nach vollkommen gesund. Ein zweiter anwesender Jäger war der gleichen Meinung.

Weil wir schon beim Fangen sind: Mein Schwiegervater griff sich einmal einen lebenden Birkhahn, genauer gesagt gleich zwei!

Er half einem Almbauern beim Zäunen. Diese Tätigkeit fällt zeitgleich mit der ausklingenden Hahnbalz zusammen.

Während der Arbeit am frühen Vormittag pfeilte ein Birkhahn daher, gleich dahinter ein zweiter. Vor ihnen fielen die Hahnen ein, und in Sekundenschnelle balgten sich die Kontrahenten in einem wilden Federknäuel. Dabei kugelten sie ab, direkt vor die Füße meines Schwiegervaters. Ihm ist es wohl gleich ergangen wie dem Bauern mit dem Rehbock. Spontan ließ er sich auf die Federknäuel fallen, ein wüstes Geploder entstand, dann hatte er den einen Hahn fest im Griff – der andere war dahin. Was die Männer mit dem gefangenen Sichelritter unternahmen, weiß ich nicht mehr; ich glaube, sie ließen ihn wieder los.

Ähnliches habe ich selbst als blutjunger Jäger erlebt. Allerdings mit zwei Auerhahnen, wobei der eine bereits von seinem Schicksal gezeichnet war.

Ich hatte einen prominenten Herrn auf einen Hahn zu führen. Ich war aufgeregt, war es doch meine erste verantwortliche Pirschbegleitung, dazu noch mit einem in jagdlichen Angelegenheiten maßgebenden Herrn. Er war Offizier, Bezirksjägermeister der ersten Nachkriegsperiode und ein fermer Weidmann. Es ging alles gut. Die Hahnen waren verlost, dem Erfolg stand nichts im Wege. Das Wetter, bei der Auerhahnjagd ein wesentlicher Faktor, spielte mit. Gemütlich stiegen wir zum Balzplatz auf, der etwas füllige Gast ließ sich Zeit. Und Zeit hatten wir reichlich, so genossen wir die stimmungsvolle Frühjahrsnacht mit ihrer Stille und den doch geheimnisvollen, wispernden Lauten, mehr geahnt als gehört.

Am Balzplatz erwarteten wir gespannt die Vorboten des neuen Tages. Es roch nach feuchtwarmer Erde und keimendem Leben. Dann, schüchtern, der zaghafte erste Vogelruf, und gleich darauf knappte ein Hahn. Dies war das Signal. Ich möchte sagen, fast gleichzeitig stimmten andere Hahnen ein, fünf oder sechs dürften es wohl gewesen sein. Dies war ein Schnackeln und Schleifen!

Wir sprangen einen Hahn an, den ich schon Tage vorher ausgemacht hatte, der konsequent immer auf der gleichen Lärche, zumeist sogar auf dem gleichen Ast, balzte. Der Gast schoß mit der Kugel, der Hahn kippte und ging halb fallend, halb gleitend geräuschvoll zu Boden. Dies löste eine Reaktion aus, wie sie in der Hauptbalzzeit typisch ist. Wie auf Kommando gingen auch die anderen Hahnen zu Boden, obwohl es noch halbdunkel war. Einer aber, wohl ein Erzrivale, stürzte sich auf den bereits verendenden Hahn und bearbeitete ihn, daß die Federn flogen! So etwas hatte der Gast, der viele Auerhahnen erlegt hatte, bisher nicht gesehen. Ich natürlich auch nicht, aber auch später, während meiner nun schon fünfzig Jagdjahre, ist mir solches nie mehr untergekommen, noch habe ich gleiches gehört.

Der Raufer ließ von dem nun wohl schon verendeten Kontrahenten nicht ab. Uns wurde bange, ich schritt ein. Erschrocken nahm sich der Kämpfer auf, entfleuchte im Dunkel des Bergwaldes. Auch die anderen Hahnen ritten ab, vergrämt, wie wir sagen. Das Gefieder des attackierten, verendeten Auerhahns hatte entgegen unseren Befürchtungen keinen Schaden genommen. Am Köpfl und Stingel jedoch schweißte er, Zeichen des ungleichen Kampfes. Sie waren bedeutungslos, verglichen mit dem Schußkanal quer durch den Körper des Hahnes.

Verblüffend ist auch die Zählebigkeit mancher Wildtiere, zumal von Großwild. Diesbezüglich berühmt wurde ein Elefant, der während der britischen Kolonialzeit von einer Dame mit Gehörschuß erlegt wurde. Ein seinerzeit weltbekannter Afrikajäger begleitete die Lady, so konnte nichts schiefgehen. Dieser Jäger wurde dadurch bekannt, daß er gegen eine Wette einem Elefanten vor dem Schuß eine Briefmarke auf den Hintern klebte – er hatte die Wette gewonnen.

Nun, die Dame hatte den Giganten glücklich gestreckt, die Helfer schon die Schwanzquaste abgetrennt. Sie gilt als erste Trophäe, wie bei uns die Grandln beim Rotwild. Die Korona zog sich zur Siegesfeier zurück ins Camp, Eingeborene rückten aus, die Stoßzähne zu bergen. Doch, o Schreck, der Elefant war nicht mehr da und auch nicht in der weiteren Umgebung! Aus seiner Ohnmacht erwacht, ist er inzwischen weitergezogen, er wurde nicht mehr gesehen. Ein halbes Jahr später wurde der kapitale Bulle erlegt, über fünfhundert Kilometer vom ersten Anschußort entfernt. Es gab keine Zweifel: Es war der ursprünglich Beschossene. Der Einschuß im Gehörgang war noch nicht ausgeheilt, das Geschoß steckte im Schädelknochen.

Eine nahezu unheimliche Beobachtung machte ich bei einer Alpendohle. Sie hing eine ganze Woche im Geäst eines Wildapfelbaumes, bei Nachttemperaturen um die minus 15 Grad – und lebte! Ein Jüngling mit überschäumender Jagdpassion hatte mit dem Kleinkaliber eine Bergdohle geschossen. Es war im Jänner, ein Flug Dohlen gaukelte kreischend ums Jägerhaus, Vorbote einer länger dauernden Sturmwetterperiode. So war es auch. Der Knabe schoß auf eine Dohle im Apfelbaum, sie blieb jedoch in einem nestartigen Zweiggewirr hängen. Auch mit hinaufgeworfenen Holzscheiteln fiel der Vogel nicht herab, es war wie verhext. Tagtäglich, bei meinem Weggehen und Kommen, sah ich nach der Dohle. Sie hing immer gleich in dem Astbesen hoch oben im Baum. Es stürmte Tag und Nacht – die Lage blieb unverändert.

Am achten Tag – ich weiß dies noch genau – kam erstmals wieder die Sonne durch. Ich kam zu Mittag vom Reviergang heim, schon routinemäßig sah ich nach der Dohle. Da war mir, als hätte sie sich bewegt. Ich hob das Glas – tatsächlich – ein Flügel streckte sich ganz langsam und sank wieder zurück – Irrtum ausgeschlossen. Dies wiederholte sich mehrmals. Es war, als hätten die wärmenden Sonnenstrahlen dem Vogel wieder Leben eingeflößt, so absurd dies auch klingt. Tatsache ist, daß er noch Leben in sich hatte, trotz einwöchiger, absoluter Starre bei abscheulichem Stöberwetter.

Von dem Schicksal des lächerlich kleinen Lebewesens war ich betroffen wie nie zuvor. Das Ganze erschien mir wie ein Wunder, beeindruckte mich mein Leben lang. Ein Schuß ist rasch getan – doch die Folgen?

Schuldbewußt, stellvertretend für den Jüngling, schoß ich abermals auf die Dohle – jetzt fiel sie auch herab. Jetzt erst hatte sie ausgelitten von einem einwöchigen Koma, von dem wir uns keine Vorstellung machen können.

Peter Zechner

Zlatorog

Die rührselige Geschichte vom weißen Gamsbock mit dem goldenen Krickel hat mich schon als Jugendlichen fasziniert – und fasziniert mich heute noch. Die Sage vom unverwundbaren Bock und der roten Triglavrose erregte meine Phantasie, und nicht nur meine! Allein die Existenz der Sage beweist, daß das Bergvolk der Trenta sich intensiv mit dem Hochgebirge und dessen Getier befaßte, sich in Ehrfurcht vor ihm neigte. Alles, was diese naturverbundenen Menschen nicht restlos zu durchschauen vermochten, gebat Respekt.

Respekt hatte und habe auch ich vor dem Gamswild, das auf mich immer etwas geheimnisvoll wirkte. Obwohl das erste Stück Schalenwild, das ich erlegte, ist mir diese Wildart immer etwas rätselhaft, manchmal sogar unheimlich geblieben.

Schon das Aussehen trägt dazu bei. Der dunkle Zottelpelz im Winter und die krummen Hörner gleichen der biblischen Satansgestalt. Die Lichter verschwimmen schon bei kurzer Distanz in den schwarzen Zügeln, verhindern ein „Gedankenlesen" von Aug' zu Aug'. Ihr keuchendes Warnen, das Unmut äußernde Aufstampfen der rauhhaarigen Läufe wirkt auf uns befremdend. Andererseits ist es die ausgeprägte Neugier mancher Gemsen, die uns verblüfft. Bei Reh und Hirsch ist es mir gelungen, manchmal deren Gedankengänge zu erraten, bei Gams nie.

Einmal ist mir ein junger Bock beinahe unheimlich geworden. Ich pirschte ihn auf einer riesigen Schutthalde an, besser gesagt, näherte mich ihm auf deckungsloser Fläche. Es war mehr ein Experiment, doch hatte ich die Absicht, ihn zu erlegen.

Der Gams eräugte mich bald, nahm aber von mir nicht sonderlich Notiz. Aber jedesmal, wenn ich mich der kritischen Grenze näherte, von der aus ich mit meiner Büchse hätte schießen können, zog er ein Stück weiter. Immer nur soviel, daß ich wieder nachziehen mußte.

Dieses Katz- und Maus-Spiel wiederholte sich, ich weiß nicht mehr, wie oft. Der Bock ließ mich bis zur genannten Distanz herankommen, schlug auf, eilte ein Stück weiter, äste ungeniert die aus dem Schneeflaum herausragenden Dürrgräser und tat, als wäre ich nicht zugegen, bis, ja bis ich mich wieder jener ominösen Grenze näherte. Verblüffend war die exakte Gleichheit der Entfernung, ab der er wieder weiterzog; es war, als kenne er die Reichweite meines Gewehrs.

Komischerweise nahm der Gams nicht die Felsen an, in denen er sich leicht der Verfolgung hätte entziehen können. Statt dessen zog er unter den Ranftmauern entlang und ich wie ein Anhängsel hinterher. Meine Verbissenheit entbehrte jeder Logik, doch jetzt reizte es mich erst recht, wie dies enden würde.

Es war vorauszusehen. Der Geröll- und Schuttgürtel ging in zerfurchtes Gelände über, dahinter türmten sich schroffe Felsbarrieren. Da hinein zog der Gams und würdigte mich keines Blickes mehr. Ihm zu folgen, konnte tödlich sein. Haltlose Steilrinnen durchzogen die bizarren Gesteinsformationen, mündeten in schwindelerregenden Tiefen. Hierher hat mich der Teufelsbock gelockt, wie Zlatorog den verliebten Jäger. Doch ich pfiff ihm was, wendete mich beleidigt ab und marschierte heim zur Hütte.

Was mich beim Gamswild am meisten beeindruckt, ist seine unglaubliche Härte gegenüber der Unbill seines Lebensraumes. Andere Tiere fliehen aus dem Hochgebirge, wenn der Winter naht – die Gemsen bleiben. Wo für uns bereits eine Nacht das Ende bedeuten würde, harren sie ein Leben lang. Ich sah einmal während eines heftigen Frühjahr-Schneesturms eine Schar Gams, die sogar scherzten. Die ganzen Körper von nassem Treibschnee verkrustet, übten sie das Fangenspielen und schlugen Kapriolen, dem Eingeweihten als „Gemsentanz" bekannt.

Eine für mich überraschende Feststellung der Überlebenskunst dieser Gebirgsbewohner machte ich als Tourenschifahrer. In 2000 Meter Seehöhe war ein kluftartiger Übergang zwischen zwei Berggipfeln, der von den Gams auch im Hochwinter frequentiert wurde, zu meinem Erstaunen. Im Sommer war hier eine Art Felsbrücke, jetzt aber türmte sich meterhoch festgebackener Gratschnee. Links und rechts ging's schauderhaft hinab, und über diese Verbindung wechselten Gams! Sie hielten sich für diesen „strategischen" Übergang eine Rinne offen, die sehr an einen Schützengraben im Stellungskrieg erinnerte.

Spätherbst im Gebirge! Die Luft klar und rein wie sonst nie das ganze Jahr, eine Stille, die zu Herzen dringt. Ab und zu ein verschwommener Klong-Ruf eines Raben, der hoch im Äther zieht. Seine dunkle Stimme paßt zum Ernst der Bergwelt, die jetzt das Heitere des Sommers abgelegt hat und zu warten scheint. Alles ist eine Symbiose, eine Sinfonie: die tiefe Himmelsbläue, der rauhe Ruf des Odins-Vogels, die gebieterischen Felswände, das Braunoliv der Almen. Eine leichte Schwermut liegt über dem Gebirge, ein Ahnen von Sturm und Schnee.

Ich hocke hinter einem abgerutschten Rasenblock und spähe hinüber ins G'wänd, das tief im Schatten liegt. Die Sonne erreicht die Steilhänge und Runsen des „Rinnerach" nicht mehr, bläulich-weißer Reif bedeckt den gefrorenen Boden. Von der Höhe herab zieht ein kaltes Lüfterl, kein Gams weit und breit.

Doch mir wird die Zeit nicht lang. Ich weiß, hinter dem Felsriegel in der Vormittagssonne stehen sie für mich unerreichbar. Aber bei der krummen Lärche führt ein Hauptwechsel herüber in die „Bleamrinn", dies könnte meine Chance sein.

Gegen elf Uhr schnürte oben unter den Felsköpfeln ein kapitaler Bergfuchs über die Rinne, ein wahres Prachtexemplar. Er war völlig vertraut, kein Mensch stört ihn zu dieser Jahreszeit bei seiner Tagesvisite. Jetzt hat er nur einen Feind, vor dem er sich in acht nehmen muß, nämlich den Adler.

Bald nach dieser erfreulichen Einlage begann der zackige Felskamm links ober mir an einer Stelle zu flammen, weißgoldene Strahlenpfeile tasteten hinter ein paar kümmerlichen Lärchen-Dürrlingen ins Firmament. Und plötzlich stand inmitten dieses Strahlenkranzes ein Gams und äugte neugierig herab. Nur Haupt und Vorschlag waren zu sehen, schwarz wie gebranntes Pech, umrandet von einem grellen Strich blendenden Lichtes. Mein erster Gedanke trotz Abgeklärtheit und Wissen um dieses zufällige Zusammenspiel: Zlatorog: So muß er ausgesehen haben!

Ich war wie hypnotisiert und starrte auf die Erscheinung. Wie ein Mahnmal stand der gute Bock – ein solcher war es – auf dem

Grat, Haupt und Krucken gleißten in hellem Gold. Dann wendete er und blieb verschwunden. Etwas später verebbte das Lichterspiel, der Sonne fehlte die Kraft, sich über die Felskulisse zu erheben.

An vieles, was ich bei der Jagd erlebte, erinnere ich mich nur gelegentlich, darunter auch an meinen besten Rehbock, der ganz programmgemäß fiel. Der „Zlatorog", obwohl er nicht meine Beute wurde, erstrahlt jedesmal vor meinem geistigen Auge, sooft ich mich gedanklich mit Gams beschäftige. Die drei Jahrzehnte, die seitdem in die Vergangenheit hinabtröpfelten, vermochten dieses Bild nicht zu trüben, ganz im Gegenteil. Ohne Sentimentalität oder gar Todessehnsucht wünsche ich mir in meiner letzten Stunde diese Verklärung noch einmal zu sehen, dann müßte das Hinübergleiten leichter sein.

Obwohl ich dem Bock mit den „goldenen Hörnern" nichts getan habe, brachte er mir kein Glück, eher schon das Gegenteil. Drei Wochen später verschoß ich an der nämlichen Stelle – bei der „krummen Lärche" – eine engkruckige Gamsgeiß, die nur durch Zufall vor dem Verludern bewahrt wurde. Freunde fanden sie am übernächsten Tag verendet unten auf dem Almboden, direkt in der Fallinie des Anschusses.

Bereits wenige Tage nach dem einmaligen Erlebnis mit dem Bock zog im Gebirge der Winter ein. Als ich wieder im Revier eintraf, lag Schnee, mehr als mir lieb sein konnte. Nur mühsam erreichte ich die Hütte, war zu müde, am gleichen Tag noch Größeres zu unternehmen. Die wenigen Stunden, die noch bis zum Eindunkeln verblieben, verbrachte ich mit Spekulieren, mit einem Erkundungsgang hinauf ins Latschach. Schnee, überall Schnee, und nur wenig Fährten.

Nächsten Morgen war ich voller Tatendrang. Das Wetter war nicht eindeutig, weder kalt noch warm. Noch vom Hüttenanger aus leuchtete ich mit dem Glas das Rinnerach ab, entdeckte vorerst keinen Gams. Wohl oder übel spurte ich weiter, hinein zum ersten Graben, zum zweiten, hinüber auf einem sanften Riedel unter den Palfen. Hier hatte ich die breite „Bleamrinn" vor mir, dahinter das G'schröff; und hier wollte ich bleiben.

Die Rinne war tief verschneit, keine Gamsfährte war zu sehen. Die Tiere mieden die lawinenträchtige Stelle, verzichteten auf die schmackhaftere Äsung herüben auf den Osthängen. Ich wartete und konzentrierte mich auf das rauhe Geschröff vis-à-vis.

Endlich, nach Stunden, sah ich die ersten Gams. Sie waren ganz oben auf den lawinensicheren Buckeln; mit ihnen durfte ich nicht rechnen. Die zogen weder herab, noch konnte ich hinauf. Aber bald danach schlug mir das Herz schneller: Droben auf dem uralten Wechsel bei der krummen Lärche stand eine starke Geiß!

Je länger ich durchs Spektiv schaute, um so mehr erhöhte sich mein Puls. Die Gamsgeiß entsprach genau dem, was die Obrigkeit als Abschußstück bezeichnet, also für die Zucht nicht wünschenswert. Ich persönlich habe mich manchmal über die „Vorschrift" hinweggesetzt und nach anderen Kriterien geurteilt, doch bei diesem Stück gingen Lehrmeinung und Praxis konform. Wenn die Geiß kein Kitz führt, werde ich sie schießen. Wenn, ja wenn sie weiter gegen die Rinn' zu herüberzieht, denn bis zur Lärche ist es mir zu weit.

Sie zog aber nicht. Zehn Schritt vom Felsgrat und der Lärche entfernt war ein kleines überhängendes Wandl, bei dem sie verblieb. Ein meterhoher Schneewall lag davor, in dem Spalt zwischen Fels und Schneeriegel machte sich die Geiß stundenlang zu schaffen! Ich konnte mir nicht erklären, was sie dort fand, denn außer den schwefelgelben Mauerflechten war keine Vegetation zu erkennen. Und doch mußte dort Äsung sein, die sich das Tier mit unnachahmlicher Ruhe und Gelassenheit einverleibte.

Mittag war längst vorüber, die Situation blieb gleich. Schon immer habe ich die Ausdauer bewundert, mit der Wild an ein und derselben Stelle auszuharren vermag, sozusagen auf Sparflamme schaltet. Sicher ist dies eine Mit-Strategie, den erbarmungslosen Winter zu überleben. Die Gamsgeiß war hier ein Musterbeispiel. Zeit ist ein Begriff, den das Tier nicht kennt.

Ich wurde langsam ungeduldig. Am nächsten Tag mußte ich wieder auf der Dienststelle sein; die Schußzeit ging dem Ende zu. Es war meine letzte Chance, in diesem Jahr auf Gams zu jagen.

Immer öfter visierte ich durchs Zielfernrohr und nahm Maß an der Geiß. Wie wankelmütig der Mensch doch ist: am Vormittag wäre es mir nicht in den Sinn gekommen, da hinaufschießen zu wollen, und jetzt hat meine Standfestigkeit merklich nachgelassen. „Nicht geschossen ist auch gefehlt", lautet ein alter Jägerspruch, dessen Unsinnigkeit ich damals nicht genug zu Herzen nahm.

Als ich dann überzeugt war, daß die Geiß nicht mehr näherziehen würde und sich der Tag allmählich zu Ende neigte, entschloß ich mich zum Schuß. Viel konnte nicht schiefgehen. Treffe ich sie, müßte sie herabfallen; zumindest würde das wuchtige Geschoß eine Bergabflucht bewirken. Tierschutzapostel mögen sich empören: Zur Zeit, in der ich Jäger wurde, hieß es: „Bei der Gamsjagd braucht man viel Patronen!"

Ich zielte sorgsam, aber den ersten Schuß nahm die Geiß anscheinend überhaupt nicht zur Kenntnis. Nach dem zweiten schlug sie auf, verhoffte lange herunter. Jetzt war es ihr doch nicht ganz geheuer, und sie setzte sich langsam in Bewegung, hin zur „krummen Lärchn". Aber noch bevor sie diese erreichte, machte sie ein Haberl und äugte zurück. Sie stand jetzt nicht mehr ganz breit, und ich wollte auch nimmer schießen. Da überkam mich aus meinem Innersten heraus so etwas wie Trotz und Verzweiflung, und ich schoß – die letzte Chance nützend – ein drittes Mal.

Die Gamsgeiß zeichnete nicht. Gelassen tat sie die paar Schritte bis zur Lärche und verschwand hinter dem Grat. Ich war überzeugt, daß ihr nichts fehlte.

Den Anschuß aufzusuchen, schenkte ich mir. Dies war zwar gegen die Regel, aber angesichts der Fakten nicht unbedingt Attribut. Der Aufstieg war zwar nach Umgehung des Lawinenstrichs möglich, doch bis ich dort oben wäre, wäre es Nacht.

So begnügte ich mich, vom Almboden aus in die Steilrinne jenseits des Felsriegels zu schauen, und watete zurück zur Hütte. Als ich später zum Heimgehen aufbrach, war es bereits finster.

Einige Tage danach erreichte mich die Nachricht, die Gamsgeiß sei gefunden worden. Ich war bestürzt, eilte zum Jagdfreund, der mich etwas reserviert empfing.

„G'sagt hab' i dir nix – aber i hab mir glei vorg'nomm, nachz-
'schaun; weil i woaß, daß't net leicht fahlst", ließ er mich wissen.

„Mir woa's aufigehn z'schwar, so hab i 'n Sepp aufig'schickt,
und da Ruapp is a mitgang'n", erklärte er mir weiter; „die Goaß
is d'rekt aufn Almboden gleg'n!"

Ich war perplex. Erst nach und nach vermochte ich das Geschehen zusammenzureimen, insbesondere erst dann, als auch
Sepp erschien. Schon von weitem sahen sie auf der Schnee-
wüste den toten Gams liegen, erzählte er; fast in meiner Spur,
als ich nach ihm Ausschau hielt.

Die Geiß hatte einen Drosselschuß. Sepp, selbst ein erfahrener Jäger, konnte sich das späte Verenden auch nicht erklären.
Nach seiner Meinung müßte das Stück auf der Stelle herabge-
purzelt sein, zumindest aber heftig gezeichnet haben. Weder
das eine noch das andere war der Fall. Die Geiß mußte gleich hinter dem Grat ins Wundbett gegangen sein und ist erst viel später verendet und eine Rinne hinabgestürzt. An mir aber blieb
zeitlebens der Makel, daß das Wild durch mein Unbeherrschtsein
beinahe verludert wäre. Von meinem Stammplatz im Wohn-
zimmer habe ich die Krucke stets vor Augen, aber es gibt keinen Blick zu ihr, ohne daß ich Buße tue. Dem Gams hilft's nimmer, aber vielleicht mir, sollte ich mich wegen dieser Untat vor
langer Zeit noch einmal rechtfertigen müssen?

„Mein" Zlatorog aber hat mich deswegen nicht verflucht und
auch nicht mit seinem Krickel die saftigen Almweiden verwüstet, wie einstmals sein Vetter jene auf der Jezera. Die Matten
und Lahner unterhalb des „Katzenkopfs" strotzen um Jakobi nach
wie vor in üppiger Kräuterflora, nur die Kühe unten auf den
Almböden sind verschwunden.

Peter Zechner

___

PETER ZECHNER, *fünftes Kind eines Bergbauern und schon von klein auf von den Schönheiten der Natur begeistert, legte 1946 die Jagdprüfung ab, später die Jagdaufseherprüfung und 1950 die Staatsprüfung für Berufsjäger in Graz. Seit 1988 im Ruhestand, lebt er heute im Bundesland Salzburg.*

Ernst Alexander Zwilling

Elefanten – mein Lieblingswild

Als ich im August 1928 als junger Mann inmitten der großen Regenzeit zum erstenmal afrikanischen Boden und den Kameruner Urwald betrat, schätzten die britischen Wildbiologen den Elefantenbestand in Schwarzafrika auf über zwei Millionen.

Schon Jahre zuvor war die professionelle Elefantenjagd wegen der niedrigen Elfenbeinpreise so gut wie eingestellt worden. Nach dem Ersten Weltkrieg wurden jährlich höchstens 300 Dickhäuter geschossen.

Wegen ihrer langen Trächtigkeit von 22 bis 24 Monaten wirft eine Elefantenkuh nur alle vier Jahre. Somit können sich die Populationen nur langsam vermehren. Auch die Eingeborenen wilderten zur Zeit der deutschen Kolonialherrschaft nur wenig auf Elefanten. Die autochthonen Jägervölker besaßen damals nur ihre stammeseigenen Waffen, wie Pfeil und Bogen, Armbrüste, Speere und Lanzen. Damit ist aber Jagd auf Großwild nur in Einzelfällen möglich und sehr gefährlich. Die Eingeborenen verwendeten für ihre Pfeile und Speerspitzen Gift und erbeuteten so vorwiegend Kleinwild. Auch Haarschlingen und Schlagfallen waren in Gebrauch.

Nur die Pygmäen in den tiefen Urwäldern Zentralafrikas verfolgten die Elefanten gnadenlos. Sie trugen lange Stoßlanzen und glaubten sich durch tierische Amulette, die sie um den Hals trugen, vor tödlichen Gefahren geschützt. Die Urwaldzwerge versteckten das erbeutete Elfenbein in hohlen Bäumen und tauschten die Stoßzähne bei Gelegenheit mit Bantustämmen gegen Salz, Vegetabilien (Früchte, Knollen u. a.), Tabak und Eisenwerkzeuge.

In den dreißiger Jahren konnte ich – in der menschenleeren Wildnis unterwegs – die ersten kapitalen alten Elefantenbullen mit Stoßzahngewichten von 50 bis 60 kg fotografieren. Oft waren es unstete Wanderer und Einzelgänger, die meist schon vernarbte Kugeln in ihren Leibern trugen.

Erst nachdem die afrikanischen Länder unabhängig geworden waren, durften die Eingeborenen ebenfalls Feuerwaffen tragen.

Wohl war die Zuteilung von Munition durch die Regierung nur gering, aber nun gingen die Schwarzen auf Elefantenjagd und schossen Bullen wie Kühe nieder. Das Fleisch war sehr begehrt. Das Elfenbein kauften die jungen Staaten billig an. Die Bestände wurden mehr und mehr dezimiert; die Wilderei nahm überhand.

Als dann noch die Preise für Elfenbein auf den Märkten in London und Hongkong phantastisch in die Höhe kletterten, war es um die Elefanten geschehen. Der illegale Abschuß eines dieser urigen Kolosse gewährte den Eingeborenen ein sorgloses Leben. Häufig gaben auch asiatische Händler ihre Aufträge an die Wilderer weiter. Nur selten konnten die Wildschutzbehörden die Missetäter fassen.

Oft fand ich Skelette von massakrierten Elefanten, denen die Stoßzähne einfach herausgehackt worden waren. Die immer frecher auftretenden Banden, welche manchmal auch aus den Nachbarländern eindrangen, besaßen zum Teil moderne Schnellfeuergewehre, und die schlecht bezahlten, unzureichend ausgerüsteten staatlichen Wildhüter waren machtlos.

Auch die ständige Zunahme der schwarzen Bevölkerung trieb die Elefanten zusehends in die Enge. Ihr Lebensraum wird von Jahr zu Jahr kleiner.

Trotz Flugzeug und Geländewagen, die Europäer und Jagdtouristen bald mitten ins Wildgebiet brachten, treffen diese am starken Rückgang der Dickhäuter die geringste Schuld. Die Elefantenjagd war schon immer ein teures Vergnügen, das sich nur wenige leisten konnten. Außerdem wurde nie unwaidmännisch vorgegangen.

Auf diese Alarmzeichen hin wurde ein internationales Artenabkommen geschaffen. Ab 1990 sind die Elefanten in den meisten Jagdländern unter völligen Schutz gestellt. Der Elfenbeinhandel wurde untersagt.

Heute ziehen noch etwa 500.000 Dickhäuter in der Wildnis Afrikas ihre Pfade. In Simbabwe (Südrhodesien) gibt es noch größere Vorkommen, die aber auf den Farmen oft großen Schaden anrichten. Sie werden dann von den Wildhütern familienweise abgeschossen und dadurch in den Busch vertrieben.

Alte Elefantenbullen mit kapitalen Stoßzähnen sind heute selten geworden und kommen nur mehr in ganz unzugänglichen Landstrichen vor.

Alles in allem besteht die berechtigte Hoffnung, daß diese unsere größten Landsäuger in ihren angestammten Lebensräumen Afrikas künftigen Generationen erhalten bleiben.

Von allen Wildtieren interessierten mich diese hochintelligenten, urweltlichen Riesen immer am meisten. Wo und wann auch immer ich konnte, lief ich den Elefanten nach, um sie zu beobachten und zu fotografieren. Außerdem fertigte ich genaue Aufzeichnungen über ihre Verbreitungsgebiete an.

Meinen ersten Elefanten schoß ich 1933 im Alleingang unter dramatischen Umständen. Fünfzig Jahre später fiel mein letzter Dickhäuter. Nur wenige Stoßzähne konnte ich nach Hause bringen; die meisten verfielen den Jagdbehörden. Auch war ich oft gezwungen, das Elfenbein zu verkaufen, um meine ausgedehnten Reisen zu finanzieren.

In den insgesamt vierzig Jahren meines Aufenthalts in Afrika erlebte ich mit den grauen Riesen eine Menge Abenteuer, und ich begegnete einer Anzahl verschiedener Rassen, die sich je nach dem Jagdland (West-, Zentral- oder Ostafrika; Urwald, Savanne oder Steppe) durch ihre Größe, durch die Form ihrer gewaltigen Ohren sowie durch das oft sehr unterschiedliche Stoßzahngewicht auszeichnen.

Die größten Elefanten – mit einer Schulterhöhe von fast vier Metern – traf ich in Angola an. Ihrem kleinsten Vertreter lief ich im Urwald Äquatorialafrikas nach. Er war bloß zwei Meter hoch. Als einem der wenigen Großwildjäger gelang es mir in Kamerun mehrmals, mit dem wissenschaftlich noch immer umstrittenen Zwergelefanten zusammenzustoßen. Ich konnte Belegexemplare mit einer Rückenhöhe von 1,80 Metern, den typischen runden Ohren und den kleinen Stoßzähnen für das Museum erbeuten.

In den Urwäldern tragen die Elefanten rosafarbenes, gemasertes und hartes Elfenbein. Im Grasland hingegen sind die Stoßzähne mit leichten Rissen versehen und weich. Sie lassen sich relativ gut bearbeiten.

Will man im düsteren Blätter- und Lianengewirr des Regenwalds Elefanten jagen, bedarf dies großer Ausdauer. Die Jagd ist aufregend, und es gehören eiserne Nerven dazu. Nur wenige Waidmänner kriechen im Waldland dem grauen Riesen nach, um dann auf geringste Entfernung – oft sind es nur wenige Schritte – den sicheren Schuß abzugeben.

Im offenen Grasland und in den Baumsavannen ist die Jagd auf den Dickhäuter wesentlich einfacher und auch erfolgreicher.

Mein erster alter Elefantenbulle fiel in einem von Urwaldbergen umgebenen Sumpf in Zentralkamerun. Mit zwei schwarzen Fährtensuchern hatte ich rasch die frischen Abdrücke eines Einzelgängers eingeholt. Die letzten Meter ging ich allein im hohen Gras vor und erlegte den Riesen auf etwa dreißig Schritt mit einem Vollmantelgeschoß aus meinem alten Mannlicher-Schönauer 9,5. Die Kugel traf genau zwischen Auge und Ohr ins Gehirn, der 5.000 kg schwere Koloß fiel auf der Stelle um. – Von meinen beiden Begleitern ließ ich eine Grashütte als provisorisches Lager aufschlagen.

Der Schuß, der in der dünnen Luft weithin vernommen wurde, lockte eine Schar von Eingeborenen aus den Bergen heran. Nachdem ich die Maße abgenommen und den toten Bullen fotografiert hatte, begann eine wahre Fleischorgie. Die Schwarzen öffneten sofort die Bauchhöhle des gefallenen Riesen, krochen hinein und stritten sich um die so vitamin- und fettreichen Eingeweide, die sie zum Teil noch roh verschlangen. – Ein grauenhaftes Schauspiel, wie sich die vielen Männer und Weiber um einen Bissen Elefantenfleisch rauften!

Nach und nach kamen noch etliche Frauen mit ihren hohen Flechtkörben hinzu, um die schweren Fleischbrocken zu ihren Hütten zu tragen. Nach wenigen Stunden waren nur mehr die Skeletteile und der Schädel mit den Stoßzähnen übriggeblieben.

Jetzt arbeiteten die beiden Fährtensucher mit Buschmesser und Axt, um den Kopf zu entfleischen und das Elfenbein vorsichtig freizulegen. Die stinkenden Alveolen, die in den Stoßzähnen steckten, wurden erst später herausgezogen. Das Elfenbein verpackten wir in Gras.

Waren einmal keine Eingeborenen in der Nähe, plünderten Hyänen, Schakale, Aasgeier oder Marabus die Kadaver. Myriaden von Fliegen und ein penetranter Gestank zeigten immer den Tod eines der urweltlichen grauen Riesen in der afrikanischen Wildnis an.

Oft verspeiste ich Teile des viele Kilogramm schweren Elefantenrüssels – eine Delikatesse für die Eingeborenen. Er schmeckt etwa wie Rinderzunge. Dann werkte der Koch Stunden am Feuer, um den sehr muskulösen Rüssel in einem riesengroßen Gefäß mit Wasser weichzubekommen. Der Löffel in der Suppe blieb stecken ...

Für eine Elefantenjagd sind schwere Doppelbüchsen die geeignetsten Waffen. Erst nach dem Zweiten Weltkrieg – ich erhielt 1950 als erster Österreicher eine Einreiseerlaubnis für das damalige Französisch-Äquatorialafrika – besaß ich eine sehr teure Doppelbüchse der Firma Holland & Holland in London im Spezialkaliber 500/465. Mit dieser Waffe verlor ich selbst bei schwierigsten Schüssen keinen Elefanten.

Nahe der Grenze zu Spanisch-Muni schlug ich eines Tages unmittelbar an den schmutziggelben Fluten des Ntem ein einfaches Jagdlager auf. Mein bequemes Einmannzelt war rasch zwischen Urwaldbäumen angebracht worden. Die schwarze Mannschaft schlief neben zwei während der ganzen Nacht über glosenden Feuern auf Holzrosten und Laub. Es regnete nicht, aber der starke Tau ließ am Morgen alles klatschnaß werden.

Wir fuhren in einem Semperit-Schlauchboot, das ich aus der Heimat mitgebracht hatte, den Fluß entlang. Drei Mann hatten genügend Platz. Der Ntem wälzte sich durch unberührten Urwald und zeigte uns die Ausstiege der Dickhäuter, die den Fluß durchquerten. Elefanten sind gute und schnelle Schwimmer. Wir liefen eine der zahlreichen, dicht bewaldeten Inseln an. Irgend etwas bewog mich, sie zu erkunden. Gebückt schlugen wir uns durch verfilztes Dickicht, als wir plötzlich eigentümliche Laute vernahmen. Drei Elefantenbullen hatten sich auf der kleinen Insel zur Ruhe eingestellt! Zwei von ihnen lagen am Boden, der dritte hielt stehend Wache.

Nachdem ich die weißblitzenden guten Stoßzähne erblickt hatte, schoß ich rasch. Ich traf die Lunge. Unter schrillen Trompetenstößen ergriffen die drei Elefanten die Flucht. Auch der Angeschweißte durchrann den Fluß und verschwand am anderen Ufer im Urwald.

Schnell folgte ich mit meinen Begleitern im Boot. Die flüchtenden Bullen wälzten eine breite Schneise in das Dickicht. Ich hinterher! Nach etwa dreihundert Metern lag der Elefant tot am zertrampelten Boden.

Einmal lief ich im regennassen Urwald einem Einzelgänger zwei Tage lang auf der gut sichtbaren Fährte nach. Ich hatte große Mühe, ihn einzuholen. Die Säulenabdrücke waren größer als mein Tropenhelm, und das ließ mich auf einen starken Stoßzahnträger hoffen. – Ich schlief mit den Schwarzen auf einem schnell zusammengerafften Laubbett. Wir durften kein Feuer anmachen. Der Rauch hätte uns unweigerlich verraten und den Elefanten zu noch größerer Eile angetrieben. So quälten uns die Moskitos entsetzlich. Wir nahmen es in Kauf.

Am nächsten Morgen fanden wir noch dampfende Losung und eine Menge winziger Fliegen. Der Einzelgänger konnte also nicht mehr weit entfernt sein. Plötzlich vernahmen wir das Brechen von Ästen und laute, kullernde Geräusche. Tatsächlich, wir standen knapp vor dem Riesen, der sich eben mit dem Rüssel Früchte von einem Baum ins Maul schob. Der Alte äugte in unsere Richtung. Wir verhielten uns mäuschenstill. Elefanten sehen schlecht, wittern aber ausgezeichnet. Kein Windhauch verriet uns. Nun zeigte mir der Bulle seinen massigen Körper, und ich feuerte auf den Ohransatz. Noch im Schuß brach der Dickhäuter tot zusammen. Er trug ausgezeichnet schönes Elfenbein, und unsere Freude war groß. Die Mühen hatten sich gelohnt. – Leider litt ich Tage später wieder an einem bösen Malariaanfall.

In trauriger Erinnerung sind mir die Abschüsse jener Elefanten, die in die Stahldrahtschlingen von Wilderern getreten waren. Einmal fand ich einen jungen Bullen; er stand völlig abgemagert abseits einer Herde und fächelte sich hier und da mit seinen großen Ohren Kühlung zu. Im Feldstecher erkannte ich, daß dem armen Kerl der halbe Rüssel – sein empfindlichstes Organ – fehlte. Er hatte ihn sich in einer Falle abgeschnürt und war dem Tod geweiht. Ein gezielter Schuß befreite ihn von seinem furchtbaren Leiden.

Ein anderer Dickhäuter hatte einen abgeschnürten rechten Hinterlauf. Auch dieses schwerkranke Tier, dessen eitrige Fußwunde von Tausenden Fliegen bedeckt war, erlöste ich durch eine Kugel ins Gehirn.

Etliche Elefanten erlegte ich mit dem Steyr-Mannlicher im Kaliber .458 Winch. Magn. Auf diese Großwildwaffe hatte ich ein vierfaches Zielfernrohr von Kahles montiert. Die schweren Vollmantelgeschoße ließen auch bei schlechteren Schüssen im hohen Gras keinen Elefanten weit flüchten. Sie brachen bald zusammen. Eine Nachsuche war meist nicht notwendig.

Als White Hunter in Ostafrika führte ich oft Jagdgäste auf wehrhaftes und angriffslustiges Wild. Zur Sicherheit schoß ich immer mit meiner bewährten Großwildbüchse mit. Ein angeschossener Dickhäuter mußte unbedingt fallen. Dafür war ich dem Jagdamt verantwortlich.

Von einem erlegten Elefanten wird heutzutage alles verwertet. Vor allem auf den Jagdfarmen in Simbabwe wird das Fleisch in Streifen geschnitten und zu dem bei Schwarz und Weiß überaus beliebten „Biltong" getrocknet.

Die Elefantenhaut wird gespalten und gegerbt. Koffer, Handtaschen, auch Westen und andere Kleidungsstücke werden daraus gefertigt. Aus den großen Ohren macht man gutes, dauerhaftes Schuhwerk.

ERNST ALEXANDER ZWILLING *(1904–1990), geb. in Esseg als Sohn eines k. u. k. Offiziers. Seine Kindheit und Jugend verbrachte er in Wien, studierte Landwirtschaft und arbeitete anschließend als Verwalter auf mehreren Gütern in Norddeutschland und Österreich. 1928 kam er erstmals nach Afrika, wo er als Assistent auf einer Plantage in Französisch-Kamerun arbeitete. Von dort aus begann er seine zahlreichen Expeditionen in das Innere des Schwarzen Kontinents. Während des Zweiten Weltkrieges war Zwilling beim Afrika-Korps eingesetzt. 1950 kehrte er wieder in das damals französische Äquatorialafrika zurück. Ab 1958 war Ostafrika sein bevorzugtes Tätigkeitsgebiet. In Kampala, der Hauptstadt Ugandas, gründete er ein privates Safariunternehmen.*

1971 wurde Zwilling mit dem Berufstitel „Professor" ausgezeichnet, und die Bundeshauptstadt Wien verlieh ihm die Silberne Ehrenmedaille für besondere Verdienste. Das Bundesland Niederösterreich würdigte die Arbeit des weltbekannten Forschers mit dem Großen Ehrenzeichen. Bis kurz vor seinem Tod im Oktober 1990 führte Zwilling noch Foto- und Jagdsafaris in verschiedenen Ländern Afrikas durch.

Literaturverzeichnis

Rita d'Aron, Weidmannsheil – Weidmannsfrau,
Mein allerletzter Bock, S. 133–139

Wolfgang Freiherr von Beck, Pardon, ich bin ein Jäger,
S. 165–176

Josef Graf Czernin-Kinsky, Es ist des Jägers Ehrenschild,
War es der Stellvertreter? S. 141-144

Josef Gehrer, Aus dem Leben des Jagerfranzl,
Vorsicht – Kreuzottern!, S. 43–53

Walter Heinzinger, Der Winterfloh, S. 7–20

Albrecht Fürst zu Hohenlohe-Jagstberg, Jagen – ein Leben lang,
Sauen meiden mich, S. 148–161

Hermann Löns, Ho' Rüd' hoh, Vor dem Uhu, S. 35–39

Walter Magometschnigg, Es muß nicht immer Großwild sein,
Drei Böcke und drei Hirsche, S. 91–99

Philipp Graf Meran, ... und übrig blieb die Jagd,
Eine ungewöhnliche Dublette, S. 47–50

Josef Puvak, Bären in den Karpaten, Das zerbrochene
Jagdgewehr, S. 104–117

Rudolf Schwarz, Auf frischer Fährte, Zum Glück lebt noch
der Zeuge! S. 57–62

Hans Joachim Graf v. Schwerin, ... und hab ein weit' Revier,
Wenn du denkst, du hast ihn ..., S. 44–46

Gotthilft von Studnitz, Mein Jagdbuch, Der Präzise, S. 39–49

Karl-Heinrich Reichsfreiherr von Tinti, Auf schmalem Jägersteig,
Des edlen Ritters unrühmliches Ende, S. 42–44

Clemens Georg von Walzel, Fährten, Jagen und Sagen im
Riesengebirge, S. 85–90

Eduard von Wosilovsky, Mit Hirschruf und Passion,
Todesengel, S. 201–206

Alfons Reichsritter von Wunschheim, Die Jagd im Sinn,
Besondere Erlebnisse mit Rehböcken, S. 84–89

Alfons Reichsritter von Wunschheim, Diana war mir nicht
immer hold, Eine unheimliche Geschichte, S. 91–99

Peter Zechner, Der Bock auf der Tenne,
Kein Jägerlatein, S. 186–192

Peter Zechner, Jagern zwischen Au und Gamsgebirg,
Zlatorog, S. 91–97

Ernst A. Zwilling, Der Wildnis verfallen,
Elefanten – mein Lieblingswild, S. 118–122